GABRIEL JAIME AVENDAÑO AGUIRRE

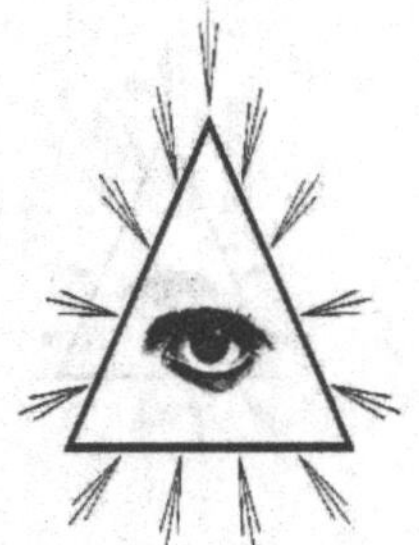

EL
PODER
BRILLANTE
DE LA MENTE

Ilustración: *El triángulo con la vista en el centro representa la omnipotencia, la omnisciencia y la omnipresencia del Dios creador del universo. El triángulo equilátero es usado como símbolo de la divinidad y representa los tres atributos divinos: Fuerza, Belleza y Sabiduría, y también los tres reinos: Mineral, Vegetal y Animal y es el centro de la divinidad espiritual de todos los creyentes en El Padre, El Hijo y El Espíritu Santo, quienes reconocen la Santísima trinidad.*

GABRIEL JAIME AVENDAÑO AGUIRRE

EL
PODER
BRILLANTE
DE LA MENTE

El ser dinámico:

La ciencia del conocimiento y de la academia, plantean frecuentes objetivos para desarrollar la mente y obtener de ella al máximo su maravillosa capacidad creadora y lograr con firmeza, el individuo dinámico que siempre hemos querido ser.

GABRIEL JAIME AVENDAÑO AGUIRRE

EL
PODER
BRILLANTE
DE LA MENTE

Guía práctica moderna:

En todas las etapas de la ciencia del conocimiento y de la academia, se expresan conceptos modernos acordes a los cambios de vivencia científica, neurológica, psicológica y social de los seres humanos, para moldear la mente y obtener de ella la maravillosa capacidad creadora y lograr integrar el ser extraordinario y dinámico que siempre hemos querido.

GABRIEL JAIME AVENDAÑO AGUIRRE

EL
PODER
BRILLANTE
DE LA MENTE

Reconocimiento:

A mi familia, quienes, desde toda la forma expresiva conocida del entendimiento, han sido un apoyo moral invaluable y con entereza han soportado pacientes, ser la caución de los argumentos recopilados al través del tiempo de experiencias, y a mis queridos y recordados padres por su axiomático e ilimitado ejemplo.

INDISE

INTRODUCCIÓN

Para entender el contenido del texto que nos referencia, concedamos reconocimiento a la filosófica teoría "saber culto" de la creación del universo. Hagamos una reflexión personal y objetiva sobre estos tres elementos. EL UNIVERSO, LA VIDA y LA MENTE. Formulémonos un concepto lógico y a criterio flexible.

Los ejemplos y los principios esenciales en todo su conjunto corresponden a la cualidad intelectual del autor y reflejan la humilde experiencia de su existencia.

EL UNIVERSO: Reconocemos con humildad de causa que fue creado por un ser con una mente científica, espiritual infinita y suprema, al que citamos "SER SUPREMO" o "DIOS SUPREMO".

Entendamos que las investigaciones científicas aún no han definido con certeza en que época, fue creado el universo. Existe teoría mitológica sobre el "DIOS CELESTIAL". Sabemos de igual forma que las diferentes religiones que enseñan sus enunciados y teorías teológicas, no han podido estar de acuerdo cuál de ellas se atribuye la primicia de relatar con elementos de juicio qué profeta o enviado que en esencia nos representa fue el primero en nacer y crecer; divulgar su teoría y copiar el Sagrado libro que ostentamos como base espiritual para educar en el conocimiento y la fe, a miles de millones de fieles seguidores; pero sabemos con certeza que todas reconocen la existencia de un solo **"SER CREADOR"** omnipotente y verdadero.

Citemos tres de las cinco más reconocidas que agrupan el mayor número de fieles a nivel mundial:

o El **Señor JESÚS** y el Libro de **LA SAGRADA BIBLIA**, en representación de la religión católica; El cristianismo es una doctrina única entre todas las religiones y filosofías. En la Sagrada Biblia, Dios es revelado como un ser superior, uno y trino, eterno, omnisciente, omnipresente y todopoderoso, que creó la totalidad del universo por medio de su Palabra y estableció el plan para la salvación humana, luego de su desplome por haberlo desobedecido. Para un cristiano, la Sagrada Biblia, es la palabra de Dios que se comunica con el hombre, para descubrirlo e invitarlo a participar en su plan de sana convivencia y salvación.

o El Profeta MAHOMA y El Sagrado CORÁN; Para los musulmanes, su ley y religión es el Corán, **Al-Quran** Libro Sagrado, dicen que significa "la lectura". Pero el Corán tiene una base más religiosa. Como adaptación del Corán a sus leyes, tienen la **Sari 'a** que para ellos sería como una Constitución del Estado donde se hayan los derechos y deberes del hombre, la ciudadanía, los delitos, las penas... Y, por último, otra adaptación del Corán a la legislación de las instituciones es la **Sunna**: <Alá ha dado a la humanidad por medio de sus revelaciones en el Corán y la Sunna de su santo profeta Mahoma, un marco jurídico y moral permanente que permite establecer y regular las instituciones y las relaciones humanas>.

o El Profeta ATMAN y Su Sagrado libro LAS VEDAS: El origen espiritual del **hinduismo** se encuentra en las Vedas, colección de escrituras antiguas escritas por sabios anónimos, los llamados profetas Védicos. Hay cuatro Vedas, la más antigua de ellas es el Rig Veda. Escrito en Sanscrito antiguo, el idioma sagrado de India, las Vedas se han mantenido como la más alta autoridad religiosa para muchas de las secciones del hinduismo.

¡Esto que la gente dice! ¡Venera este Dios!, ¡Venera aquel Dios!" - Uno tras el otro-esto es realmente la creación de él [de Brahman]! Y él mismo es todos los Dioses.

La manifestación de Brahman en el alma humana se llama Atman, la idea que Atman y Brahman, el individuo y la realidad última, son uno, es la esencia del Upanishad.

LA VIDA: En el dogma de la naturaleza humana y por la nulidad de entender el amplio espectro de sus emociones; sin hacer referencia de la inmensidad de seres vivos pobladores del universo, sintetizamos para poder ocuparnos del concepto teórico de interés que nos ocupa. Dividamos el cuerpo humano en: Cabeza, cuerpo y extremidades. Considerémoslo sano, completo y perfecto en la extensión fisiológica de la palabra.

Nos ocupamos de la cabeza y en particular del cerebro. Estos son complejos. La complejidad de este órgano emerge por la naturaleza de la unidad que nutre su funcionamiento: **la neurona.** Estas se comunican entre sí por medio de largas fibras protoplasmáticas llamadas **axones**, que transmiten trenes de pulsos de señales denominados *potenciales de acción* a partes distantes del **cerebro** o del **cuerpo** depositándolas en **células receptoras** específicas.

La función biológica más importante que realiza el cerebro es administrar los recursos energéticos de los que dispone el ser humano y animal para fomentar procedimientos basados en la economía de su supervivencia. En base a estos emergen conductas que promueven, lo que denominamos 'bienestar', pero que el animal sencillamente observa como la acción menos costosa que le permite continuar viviendo su presente.

Los cerebros controlan la conducta activando músculos, o produciendo la secreción de químicos tales como **hormonas**. Aún organismos unicelulares pueden ser capaces de obtener información de su medio ambiente y actuar en respuesta a ello. En el caso de los vertebrados, la espina dorsal contiene los **circuitos neuronales** capaces de generar respuestas reflejas y patrones motores simples, tales como los necesarios para nadar o caminar. Sin embargo, el comportamiento sofisticado basado en el procesamiento de señales sensitivas extremadas y complejas requiere de la capacidad de integración de información con que cuenta un cerebro centralizado.

La corteza cerebral, del *cerebro humano* contiene entre: quince mil a treinta y tres mil millones de *neuronas* dependiendo del género y la edad, Cada una de las cuales se encuentra interconectada hasta con diez mil conexiones *sinápticas*. Cada milímetro cúbico de corte cerebral contiene aproximadas mil millones de sinapsis. Se estima que el interior de la corteza cerebral la componen veintidós mil millones de neuronas, aunque hay estudios que llegan a reducir esa cifra a diez mil millones y otros la amplían hasta los cien mil millones.

Algunos grupos específicos de ellas, trabajando en conjunto, nos dan la capacidad para razonar, para experimentar sentimientos y para comprender el mundo. También nos dan la capacidad para recordar datos distintos y numerosos. Los tres componentes principales del cerebro son el ***cerebro***, el ***cerebelo*** y el ***tronco del encéfalo***.

El cerebro se divide en hemisferios derecho e izquierdo, cada uno con lóbulos frontales, temporales, parietales y occipitales. La corteza cerebral "materia gris" es la parte exterior del cerebro y nos permite realizar las funciones relacionadas con el pensamiento consciente. Las circunvoluciones y los surcos incrementan la superficie del cerebro, que nos permite tener una considerable cantidad de materia gris dentro del cráneo. En lo profundo de la materia gris se encuentra la "materia blanca" cerebral. La materia blanca permite la comunicación entre la corteza y los centros bajo y central del sistema nervioso.

El cerebelo se ubica cerca a la base de la cabeza. Crea programas automáticos para que podamos realizar movimientos complejos sin pensar, por su estrecha relación con el inconsciente. El tallo cerebral conecta al cerebro con la espina dorsal y está compuesto por tres estructuras: el cerebro medio, la protuberancia y el bulbo raquídeo. El tallo cerebral nos brinda funciones automáticas necesarias para la supervivencia.

La mente humana: Es el centro psicomotor de control de las impresiones del *consciente*, el *subconsciente* y el *inconsciente*; El consciente le ordena al cerebro a transmitir aquellas por medio de impulsos por todos los nervios que se distribuyen por el cuerpo como una red de hilos telegráficos que controlan la acción vital de cada parte del sistema, para que realice todas las funciones, destrezas, habilidades y necesidades a ejecutar. Todos los órganos del movimiento y de los sentidos son gobernados por la comunicación que reciben del cerebro.

Las emociones eran consideradas simples mensajeras de estímulos que requerían la aprobación de la inteligencia para su recepción, atención y aceptación. De otra manera quedan relegadas al nivel de los deseos fugaces, que aparecen y desaparecen si no se les presta atención.

Privilegio de las emociones: El verdadero alcance de la Intuición en el ser humano, "Pálpitos o Corazonadas", es mucho más extenso que cualquier actividad de la mente racional; es en verdad un poderoso recurso que desborda todos los parámetros de medición psicológica de la mente y que requiere de un profundo estudio para llegar al entendimiento de su origen.

Es posible que se pueda atribuir a la capacidad especial de atraer, captar y recibir ondas magnéticas que procesan y pueden transmitir. Estas cualidades son atribuibles a un limitado número de personas con capacidad extra sensorial o parasicológica; son personas que nacen con el don de tener desarrollados los sentidos y la capacidad de razonamiento lógico más allá de lo normal, estas personas siempre han sido en su mayoría objeto de acompañamiento profesional y de estudio científico; las personas que durante su vida han prestado un cuidado especial al desarrollo de la capacidad de su mente, también logran estas cualidades y capacidades de dominio del mundo exterior y de interactuar con sus energías. Existe una inmensa cantidad de seres humanos en el mundo que poseen estas cualidades en mayor o menor proporción, pero que, por descuido, por ignorancia o impedimento no usan.

Es tal el poder de la mente, que puede influenciar en los sentidos de otros seres, animales o cosas, un ejemplo de ello es la parábola de la persona que trataba en una forma muy cruel y despiadada a su caballo; éste rebosó y no pudo seguir aguantando tan injustas torturas; lo encaró diciendo que no soportaba más los insultos, que estaba cansado de tanto trabajo, ninguna alimentación, atención y cuidado. El hombre y su perro al escuchar esto se llenaron de temor y echaron a correr y a correr, corrieron a más no poder, al hacer un alto en el camino para descansar y reponer energías, el perro se queda mirando fijamente a su amo y con entrecortadas palabras le dice, ¡qué susto tan tremendo nos hizo pasar ese caballo! ¡Uf!, el señor que aún no se reponía del anterior incidente, al oír esto cayó en pánico absoluto y paticas que te ven, es la hora que no para de correr.

Paulo Coelho, nos ilustra con la parábola opuesta a la anterior: Un hombre, su caballo y su perro iban por un camino, cuando pasaron cerca de un árbol enorme, cayó un rayo y los tres murieron fulminados, pero el hombre se dio cuenta que había abandonado este mundo y prosiguió su camino con sus dos animales -los muertos avanzan cierto tiempo antes de ser conscientes de su nueva condición-, El camino era muy largo y colina arriba el sol se tornaba muy intenso; estaban sudados y sedientos, en una curva del camino vieron un magnífico portal de mármol, que conducía a una plaza pavimentada con adoquines de mármol y de oro.

El caminante se dirigió al hombre que custodiaba la entrada y entabló con él, el siguiente diálogo:

• Buenos días, señor.
• Buenos días. -respondió el guardián.
• ¿Cómo se llama este lugar?
• Esto es el cielo.
• Que bien que hayamos llegado al cielo, porque estamos sedientos.
• Usted puede entrar y beber tanta agua como quiera. Y el guardián señaló la fuente.
• Pero mi caballo y mi perro también tienen sed…

• Lo siento mucho, dijo el guardián, pero aquí no se permite la entrada a los animales.

El hombre se levantó con gran disgusto, puesto que tenía muchísima sed, pero no pensaba beber solo. Dio las gracias al guardián y siguió adelante.

Después de caminar un largo trecho cuesta arriba, los tres exhaustos, llegaron a otro sitio, que la entrada estaba enmarcada por una puerta vieja que daba a un camino de tierra, rodeado de árboles… Al lado de uno de los árboles había un hombre echado, con la cabeza cubierta por un sombrero. Era posible que dormía.

• Buenos días, dijo el caminante.

• El hombre respondió con un gesto de la cabeza.

• Tenemos mucha sed, mi caballo, mi perro y yo.

• Hay una fuente entre aquellas rocas. -Dijo el hombre- indicando el lugar, pueden beber el agua que quieran y reforzar su garrafa, si lo desea.

• El hombre, el caballo y el perro fueron a la fuente y calmaron su sed.

• El caminante volvió atrás para dar las gracias al hombre.

• Pueden volver siempre que quieran. —les respondió este.

• ¿A propósito como se llama este lugar?

• El CIELO.

• ¿El Cielo? ¡Pero si el guardián del portal de mármol me ha dicho que aquello era el cielo!

• Aquello no era el cielo. Era el Infierno. —Contestó el guardián.

• El caminante quedó perplejo. ¡Debería prohibir que utilicen su nombre, señor! ¡Esta información falsa debe provocar grandes confusiones! —Advirtió el caminante.

- De ninguna manera. —increpó el hombre.
- ¿Por qué, señor?
- En realidad, nos hacen un favor, porque allí se quedan todos los que son capaces de abandonar a sus padres, hijos, hermanos y a sus mejores amigos.

Jamás abandones a tus verdaderos seres queridos y amigos, aunque eso te produzca inconvenientes personales, claro está dentro del marco de la honestidad y de la verdad; si ellos han estado dándote su amor y compañía has contraído una deuda: "No abandonarlos nunca".

Porque; hacer un amigo es una GRACIA; tener un amigo es un DON; conservar un amigo es una VIRTUD; ser tu hijo es un HONOR y ser tu hermano es una BENDICIÓN.

CAPÍTULO Nº 1

¿Qué es la mente humana?

Definamos la mente humana: "LA MENTE HUMANA ES UN INMENSO DESIERTO INEXPLORADO", ávido del saber. Es el centro de control y monitoreo del desarrollo de las funciones, las actividades, los impulsos y reflejos que emiten y realizan los estados del: *Consciente*, el *Subconsciente* y el *Inconsciente*, éste último es el lugar donde se almacenan "disco duro" las imágenes, ideas, visiones, pensamientos y sucesos creados en el Subconsciente, "la mente creadora", también almacena toda la información, que el Consciente toma del anterior, la amplía, la programa, la convierte en proyectos elaborados y editados, y también los rechaza si decide lo contrario. En el Inconsciente también reposan guardados los sistemas de seguridad y de emergencia que protegen el cuerpo humano, por lo que es el encargado de accionar y disparar el fusible del instinto que abre el "túnel de la conservación de la vida", a donde ingresas, y desde ese maravilloso instante, vives, percibes y disfrutas del más hermoso paisaje que te puede presentar y proporcionar en forma radiante la naturaleza de la vida; en el sientes la paz infinita y verdadera, en el conoces el verdadero valor de la vida, donde no existe odio, celos, rencor, tristeza, melancolía, envidia, día o noche; donde brilla esa luz interior de alivio y tranquilidad y es aquí, donde te aferras más a la vida misma. Y es tanta la felicidad que te invitas a navegar y levitas, te dejas llevar por el roció como un espíritu inerme, relajado, abierto, solícito, presto y permisivo a conciencia, para que te manipulen, realicen y o presten los auxilios naturales o científicos existentes para lograr la conservación, o para que intervengan partes de tu cuerpo u órganos, que sean necesario para lograrlo; cuando por infortunio entras en letargo, a causa de sufrir un accidente, incidente o trauma natural o sobrenatural. "Es un concepto real y es fácil de entender por aquellos seres humanos que han tenido la agradable experiencia de vivirlo y para los que no, lo entenderán cuando les llegue la oportunidad de experimentarlo".

La mente es un estado omnipresente, dotado con una capacidad brillante para desarrollar las funciones que nos brinda la infinita naturaleza humana; es invisible, impalpable, sin masa, cuerpo o forma; con principio y fin, que nace con el ser humano y muere con él, que se va moldeando y desarrollando a medida que el ser evoluciona y la alimenta, la dirige e induce a formar conceptos lógicos de comportamiento, con los elementos de juicio acordes con el medio donde acontece el desarrollo de su vida experimental.

De ella solo quedan los registros que cada uno logre dejar plasmados y documentados para el bien de la humanidad, de las experiencias vividas por el subconsciente durante el trayecto de la vida, ampliadas, elaboradas y procesadas por el *consciente* y que quedan almacenadas en su *inconsciente*; experiencias que pueden servir para alimentar el conocimiento y contribuir con los futuros seres humanos a crear lineamientos lógicos de comportamiento que orienten y moldeen las mentes de las generaciones que empiezan el ciclo de vida universal. Esta teoría da lugar al refrán, "Procrea un hijo, siembra un árbol, escribe un libro y perdurarás en el tiempo".

La mente empieza a tomar forma y esencia en el *subconsciente* del ser "La mente creadora", en el preciso momento que se crea la idea y se empieza a desarrollar el proyecto consciente de la concepción de la vida y es, justo en el momento que ocurre el milagroso impulso de concebir; en y durante la ejecución del acto, donde se aportan estímulos invaluables para crear esa nueva vida. Y cuanto mayor sea la participación espiritual del sentimiento, del amor, de la ansiedad, el deseo y la felicidad, con más fuerza y energía se le transmite la brillante "LUZ DIVINA" al subconsciente del óvulo y el esperma, para desarrollar el **Instinto natural** de la creación del ser, que tomará el milagroso perfil de vida imaginado y se obtendrá como resultado una nueva vida, con un comportamiento muy especial y maravilloso durante el ciclo de desarrollo y alumbramiento, en la etapa de lactancia, hasta concluir la etapa de la niñez, que se entiende a los 7 años de edad cuando se adquiere el uso de la RAZÓN. En estos primeros ciclos de la vida, es necesario brindarle compañía, proporcionarle calor, controlar sus actitudes, monitorear sus aptitudes; tarea de los padres y personas que están al cuidado o lo vayan a estar también le ofrezcan amor, cariño y afecto, para lograr el desarrollo integral de este nuevo ser. Pero sin descuidar la orientación en las etapas posteriores de su vida evolutiva. "La mente es un don de la vida, desarrollado durante el ciclo natural y trascendental de ésta".

Relacionarse con su "yo" interior

Dinamismo en las relaciones humanas

Ética material de valores: Un aporte fundamental de Scheler ha sido la descripción de la enorme riqueza e importancia ética que posee la vida emocional del hombre. La cual es primaria respecto de toda otra forma del saber. Así en *Esencia y formas de la simpatía* (1913), usa del método de Husserl de la descripción fenomenológica aplicada a las emociones que relaciona a los seres humanos unos con otros y con el mundo de los valores, especial importancia poseen el amor y el odio como las actitudes radicales para la captación de los fenómenos valóricos.

Partiendo del concepto de *reducción fenomenológica,* husserliano, Scheler distinguió las esencias de lo que es tangible, real o existente, lo que llevó a la afirmación de la independencia de los valores "eternos e invariables" respecto de los bienes, que serían sólo sus portadores circunstanciales "lo que ha significado que a Scheler se le acusara de platónico".

En importancia, a este título le siguió su obra más famosa *El formalismo en la ética y la ética material de los valores* (1913-1916), un tratado en dos volúmenes que intentan dar un nuevo fundamento personalista a la ética, desde este nuevo fundamento se critica el enfoque ético meramente formal del filósofo alemán Immanuel Kant y lo cambia por un estudio de los valores en cuanto contenidos específicos de la ética, los que se presentan de un modo directo e inmediato a la persona y no a la conciencia como sostenía Husserl.

Los valores, según Scheler, se presentan objetivos, esto es *a priori*, como estructurados según dos rasgos fundamentales y exclusivos:

1. **La polaridad**, todos los valores se organizan como siendo positivos o negativos. A diferencia de las cosas que sólo son positivas.
2. **La jerarquía**, cada valor hace presente en su percepción que es igual, inferior o superior a otros valores. Esta jerarquía da lugar a una escala de valores que Scheler ordena de menor a mayor en cuatro grupos:

1. Los valores del agrado: Dulce – Amargo.
2. Los valores vitales: Sano – Enfermo.
3. Los valores espirituales, estos se dividen en:
   a. *Estéticos*:   Bello-feo.
   b. *Jurídicos*:   Justo-injusto.
   c. *Intelectuales*: Verdadero-falso.
4. Los valores religiosos: Santo-profano.

Los valores morales no son una categoría de valores porque no poseen portadores, son valores puros. Su realización es más bien indirecta. Se verifica en la realización de los otros valores según su polaridad y jerarquía objetiva.

Cuando todavía se consideraba católico escribió *"De lo eterno en el hombre"* (1921) justificando su conversión y después un estudio de la sociología del conocimiento, *Die Wissensformen und die Gesellschaft* (*Formas de conocimiento y sociedad*, 1926). Posteriormente se alejó del catolicismo y desarrolló una filosofía, basada en una concepción más bien hegeliana de Dios. Vale decir que es el hombre el lugar por el cual Dios se hace manifiesto en la historia. Dios necesitaría del hombre para poder manifestarse realmente. Esta tesis es consecuencia de su polémica idea de que el espíritu es impotente. Ahora bien, El conocimiento abstracto y los valores religiosos obtendrían toda su fuerza de realización en los impulsos básicos humanos.

Scheler se opuso desde el comienzo a Freud respecto de que lo superior surge de lo inferior. Sostiene Scheler que es imposible deducir de la sola represión sexual la capacidad del hombre de hacer surgir la novena sinfonía de Beethoven o Los hermanos karamazov de Dostoievski. *El puesto del hombre en el cosmos* (1928).

Filosofía y clases de saberes

Scheler distingue tres clases de saberes: *el inductivo*, el de *la estructura esencial o fenomenológica* y *el saber metafísico*.

- *El saber inductivo* es el de las ciencias positivas. Se basa en la dominación del mundo circundante. Su objeto es la realidad y tiene como finalidad utilizarla por medio de la técnica. Es el *saber de dominio*. Ejemplo de ello es la ciencia que se ha desarrollado en Occidente desde la filosofía griega.
- *El saber de la estructura esencial* es el saber que nos permite captar de un modo inmediato el qué de las cosas.

Está de acuerdo con Emmanuel Kant en que existe el conocimiento de lo Aprioris, y que este carácter lo tienen las proposiciones ideales que se dan con independencia del sujeto que las piensa. A cambio de esta coincidencia parcial con Kant, mantiene cinco diferencias:

1. No son los juicios elaborados por el entendimiento sino las esencias percibidas las que constituyen primordial lo Aprioris.
2. La región de lo Aprioris no coincide con la región de lo formal, como pensó Kant, sino que hay también un Aprioris material o con contenido: el valor.
3. En el lugar de la cuestión: ¿cómo es posible que se dé algo? La cuestión fundamental, dice Scheler, es más bien esta otra: ¿qué es lo que se da?
4. Scheler considera falsa la teoría kantiana según la cual todo lo que es, ha tenido que ser producido por el entendimiento, pues la percepción del valor es por sí misma objetiva o intencional.
5. Tampoco está de acuerdo en que lo Aprioris se equipare con lo racional, pues la afectividad, con el amor como actitud radical, es tanto o más Aprioris que la actitud racional. En otros términos: sólo el que ama algo es capaz de conocer racional, ya

que sin el amor no podría tener la experiencia de dicho fenómeno. Lo que no queda claro es si este saber puede equipararse a lo que por tradición se ha llamado *el saber culto*. Ejemplo de ello es la idea de microcosmos, Aristóteles decía que el alma humana puede ser todas las cosas. Es una suerte de participación del hombre en la totalidad del mundo.

- *El saber metafísico*, también llamado *saber de salvación*, que es la forma más alta de saber, pues se refiere a los más altos valores personales, vale decir, los propios de lo divino. Consiste en gran medida en aquel saber que eleva al hombre hacia algo mayor que él mismo. Ejemplo de ello ha sido el saber cómo disciplina espiritual elaborado en la India.

Sin embargo, lo que ha sucedido durante la historia es la sobrevaloración de una forma de saber por sobre las otras. La gran tarea de nuestra época señala Scheler, consiste en lograr trabar el *saber de dominio*, con el *saber culto* y el *saber de salvación*. Trabazón que implicaría jerarquizar dichos saberes.

Conociendo mi "yo" interior

Planteamientos fundamentales: Dentro de esta corriente los enfoques teóricos y terapéuticos son tan diversos que no es posible plantear un modelo teórico único. Lo que sí se puede extrapolar de estas diversas teorías y enfoques del conocimiento es una serie de principios y énfasis:

1. **Énfasis en lo único y personal de la naturaleza humana:** el ser humano es considerado único e irrepetible. Tenemos la tarea de desarrollar eso único y especial que somos, así, ámbitos como el juego y la creatividad son considerados fundamentales.

2. **Confianza en la naturaleza y búsqueda de lo natural:** el ser humano es de naturaleza intrínseca buena y con tendencia innata a la autorrealización. La naturaleza, de la que este ser humano forma parte, expresa una sabiduría mayor. Por lo tanto, como seres humanos debemos confiar en la forma en que las cosas ocurren, evitando controlarnos o controlar nuestro entorno.

3. **Concepto de conciencia ampliado:** la conciencia que tenemos de nosotros y la forma en que nos identificamos con nuestro yo o **ego,** es uno de los varios estados y niveles de conciencia a los que podemos llegar, pero no es el único.

4. **Trascendencia del Ego y dirección hacia la Totalidad que somos:** la tendencia en el curso de nuestra autorrealización es ir alcanzando cada vez niveles de conciencia más evolucionados, que se caracterizan por ser cada vez más integradores de partes de nosotros y de nuestra relación con el resto, y con la totalidad.

5. **Superación de la escisión mente/cuerpo:** la psicología humanista parte desde un reconocimiento del cuerpo como una fuente válida de mensajes acerca de lo que somos, hacemos y sentimos, así como medio de expresión de nuestras intenciones y pensamientos. Funcionamos como un organismo total, en que mente y cuerpo son distinciones hechas sólo para facilitar la comprensión teórica.

6. **Reequilibrio entre polaridades y revalorización de lo emocional:** la cultura occidental ha tendido a valorar lo racional sobre lo emocional, la acción frente a la contemplación, lo objetivo frente a lo subjetivo. Esto produce

un desequilibrio en nuestro organismo, ya que desconoce aspectos valiosos de nosotros mismos o los subestima, relegándolos al control de otros. El cultivo de lo emocional, lo intuitivo, lo contemplativo, por parte de la psicología humanista, es un intento por restablecer ese equilibrio.

7. **Valoración de una comunicación que implique reconocer el otro en cuanto tal:** dejar de reconocer a los demás como objetos, o medios para alcanzar nuestros propósitos personales, es uno de los énfasis principales de esta corriente. Esta forma restringida de relacionarse con los demás se transforma en una barrera comunicacional entre los seres humanos, ya que nos concentramos en sólo una parte del otro "la que nos es útil, por ejemplo", y dejamos de verlo como un ser total, impidiendo una comunicación plena.

Críticas: El principal interrogante que se le ha hecho a las aproximaciones psicológicas de esta corriente es su falta de rigor teórico. Esto motivado máxime por la crítica a los modelos académicos de adquisición del conocimiento, las psicologías humanistas privilegiaron la experiencia directa, el aprendizaje vivencial, en sus centros de formación.

La crítica que la Psicología humanista hizo a la psicología de la época, en cuanto a un centramiento excesivo en la naturaleza racional humana, redundó, a la larga, en el desarrollo escaso de teoría o teorías muy yerras fundamentadas.

Actualmente existe conciencia de esta crítica por parte de los psicólogos que se consideran humanistas, por lo que muchos han iniciado un proceso de búsqueda de fundamentos teóricos más profundos, vital epistemológico, a su labor.

¿Quién soy "yo"?

En el transcurso de la vida y en el momento menos esperado del ser humano siempre surge el interrogante, ¿quién soy YÓ?

Ahora lo importante para responder al interrogante y llegar a una conclusión en forma satisfactoria en cuanto a lo que eres, tienes que plantearte la visión de unos logros y metas que te vas a proponer a partir del momento que empiezas a ejecutar esta reflexión, lo que debe ser tu misión en el cumplimiento de estas, cuáles son tus capacidades y seleccionar en prioridades aquello que puedes y debes hacer, haciendo caso omiso a las actividades que tengas que interrumpir por la presencia de inconvenientes y que no deben ser causal para dar continuidad al cumplimiento de las metas propuestas.

¡Estemos en absoluto convencidos que eres para ti, el ser más importante y valioso del mundo!

La propia conservación es la primera ley de la naturaleza y si no existieras, si en la vida no hubiera un punto que pudiera identificarse como tú, entonces no habría una experiencia del "YO", ese "YO" es "LA LUZ DIVINA"; todo en tú mundo comienza contigo, todas tus creencias están en el pensamiento; cada cosa que haces, todo cuanto atraes, llevas al interior de tu experiencia: amor, felicidad, familia, trabajo, dinero, éxito, estudios, viajes, todo se realiza a través de la acción mental, consciente o inconsciente de tu parte.

Es una idea escalofriante, pero en algunas ocasiones las personas han sido enseñadas a desviarse de ellas mismas, se les ha inculcado desde pequeñas que no son importantes, que no tienen valor, que no tienen capacidad, que son inútiles, llevándolos a desarrollar patrones de conducta por completo erróneos.

No es malo el desear el bien para uno mismo, pero si lo es si uno lo desea en exclusivo para sí.

LA VENERACIÓN, EL CONOCIMIENTO y EL CONTROL DE UNO MISMO son tres cosas que por sí solas conducen la vida al poder soberano.

Manifiéstate saludable

Es indudable que el egoísmo y la arrogancia son un gran error, sin embargo, la propia manifestación es normal y necesaria, por tanto, estamos sujetos a la propia expresión, no al egoísmo y a la arrogancia.

Si debes vivir en forma triunfante y saludable, tienes que manifestarte con una expresión sana, constructiva y creadora para llegar a tu plena realización. Debes tener un interés sano no solamente en ti, sino en otras personas, en el mundo, en el gran conjunto de la vida. Debes dar amor y conservación moral, pues es ésta la expresión de la personalidad. Pero nadie puede dar lo que no tiene. No puedes dar al necesitado si no tienes, ni puedes levantar al desfallecido si no posees fuerzas para ello, ni vestir al desnudo si no te sobra abrigo.

El maestro de maestros que en el mundo es conocido y en todos los tiempos dijo que si tú deseas ser bueno y feliz tienes que amar a tu prójimo como a ti mismo. Pero claro está que esto no significa que no te ames a sólo a ti, si no que debes de tener un interés tan grande en el bienestar de tu prójimo como en el tuyo propio.

La inferencia derivada de esto es, por tanto, que ello es normal y justo que el amor comience por uno mismo; sin embargo, debe amar a su prójimo como a sí mismo; y es evidente que nadie puede estar en armonía con la vida si no lo está primero consigo mismo. Es decir que le será imposible amar a los demás mientras no se ame primero a él. Cada uno tiene que valorarse en primera instancia, si quiere encontrar cualquier valor real en la vida, o tener alguna estimación por los demás. Nadie podrá tener fe en otras personas, incluso en Dios si no lo tiene en su propio ser.

Es evidente que eres muy importante, ¿pero quién eres? ¿qué es esa cosa a la cual te refieres cuando dices yo? ¿cuándo dices yo, te refieres a tu mente o a tu cuerpo; a tus emociones, a tus asuntos, a tu profesión, a tu familia, a tus experiencias o a tus amistades? ¿No es verdad que tu mente, cuerpo, sentimientos y demostraciones son preciso ciertas vicisitudes que el "yo" usa y experimenta? Inconsciente reconoces que no eres tu cuerpo, pues solo dices "yo tengo un cuerpo, yo uso un cuerpo", por consiguiente reconoces que no eres tu cuerpo.

Algunas personas, sin embargo, creen por error que sus cuerpos físicos son ellas mismas y creyendo esto, toman todas sus decisiones desde el punto de vista del cuerpo físico y el mundo material. Tales personas tienen dormidas sus fuerzas internas, son inconscientes de su propio yo; pues creyendo que ellas son su propio cuerpo, están dormidas por las exigencias de estos. Su tiempo y esfuerzos los dedican generosos a satisfacer las demandas del cuerpo para alimentación, albergue y goce de los sentidos. Es decir, que no controlan en realidad su cuerpo, porque consciente para ellos todo lo importante es el cuerpo, es éste el que ejerce el control.

Cierto que el cuerpo está muy próximo a nosotros, ya que es la casa en que vivimos y es el medio que utilizamos en gran modo para manifestarnos. Él nos formula sus peticiones, pero también tenemos sobre él nuestras demandas. Nosotros llegamos a tener un control sobre nuestro cuerpo si llegamos a creerlo así.

¿Eres, tus emociones?

Hay algunas personas que creen que ellas son sus emociones, amores, odios, temores y fe. Estas personas se dan cuenta que su cuerpo está sujeto y bajo la dirección de sus emociones y sentimientos, saben que su cuerpo responde a sus sentimientos y, así, creyendo que tales emociones son ellas mismas, no reconocen su fuerza para controlarlas y dirigirlas, con esta creencia, hacen cálculos y toman sus propias decisiones desde el punto de vista del sentimiento. Por consiguiente, también son esclavos de sus emociones.

¿Eres, un ser mental?

De vez en cuando, sin embargo, encontramos alguna persona que cree que ella es un ser mental. Sabe que a través de la razón puede dirigir sus emociones y por medio de estas encausar y controlar su equipo físico. Puede ocurrir que sea una brillante mente de fácil función y alta eficiencia, pero aún en este caso es un esclavo de la razón, de la conveniencia. Quizá sea una máquina muy eficiente para hacer dinero. Puede tener éxito en las artes creadoras. Puede ser un excelente matemático. Un orador con el manejo de una retórica inigualable. Un científico irrefutable. Un líder intachable; pero ha fracasado en reconocer que ella es algo más: un punto de la vida que usa la mente y que puede elegir el modo de pensar o usar su capacidad de pensamiento. Esta persona no ha llegado todavía a conocer que sus operaciones mentales están bajo la dirección y control de un poder de su "yo" propio, que está por encima y es superior a la acción brillante de la mente. A este poder infinito que ejerce el control profundo lo denominamos ESPIRITU.

¿Eres, un ser espiritual?

Muy pocas personas han llegado a reconocerse como seres espirituales. La definición de espíritu se hace diciendo que, "ES ESE PODER QUE ES SABEDOR DE SÍ MISMO".

La persona que reconoce la más profunda y fundamental verdad acerca de sí misma, sabe que ella es un punto indescriptible de sabiduría, algo de la vida que tiene voluntad para elegir. Tal persona conoce que tiene el control sobre ella misma, que puede consciente DIRIGIR LA MENTE, a pensar lo que debe.

Esta persona puede en realidad dar a su capacidad mental un problema que resolver o una tarea que realizar. Sin embargo, hay muy pocas que toman consciente control sobre sus procesos mentales, lo que significa que son pocas las que viven vidas plenas y llenas de satisfacción.

Pero estas personas que controlan sus operaciones mentales por medio del intelecto y la razón, dominan sus emociones y sus cuerpos, son los guías de su propio destino, los gerentes de sus almas y las personas que reconocen sus habilidades, su poder, para hacer esto, se han elevado a una posición de autoridad; han tomado dominio sobre sí mismas; son el verdadero dueño de su propia casa, ocupan la habitación del trono y viven en y desde "EL LUGAR SECRETO DE LA MAYOR ALTURA", estas personas han tomado dominio sobre su mundo.

Hasta que un individuo llega a ver que él es en realidad un punto de sabiduría consciente, un ser que tiene libre voluntad, que puede dirigir su mente, controlar sus emociones y usar su cuerpo, está en efecto dormido. No es sabedor de su propio poder para dirigir el barco en su vida y por consiguiente desconoce su fuerza para controlar sus emociones. El dominio sobre sus propias experiencias, del mundo, es el resultado de ser sabedor de la verdad acerca de sí mismo.

Este punto al cual te refieres cuando dices "YO", es un punto inmaterial e indefinible de la vida consciente. Es el centro desde el que puedes hacer todas las elecciones y decisiones, es decir, que desde ese "yo" central puedes consciente y deliberada elegir el modo de usar la mente para cualquier propósito que desees; la mente siendo la ley creadora de la vida, lleva tus emociones a la acción, a tu central de fuerza, al centro de reacción del cuerpo, a tu estado físico.

Mucho antes de la era cristiana, los antiguos griegos no pudieron pensar inscripción más apropiada para gravarla en su templo de DELFOS, que las palabras de Sócrates: "HOMBRE, CONÓCETE A TÍ MISMO". Ciertamente el conocernos a nosotros mismos tanto como sea posible, es responsabilidad de cada uno de nosotros, debemos conocer todo cuanto podamos a cerca de este instrumento llamado *MENTE*, el cual usamos, así como la *FUERZA EMOCIONAL* que poseemos para nuestra dirección. Luego debemos conocer el mundo en el cual vivimos a fin de que podamos manifestarnos por completo.

Es seguro que somos muy importantes puesto que la vida nos ha creado de ella misma y nos ha formado a cada uno por medio único de su manifestación. No hay dos personas en el mundo que sean exactamente iguales, no hay dos que tengan los mismos pensamientos, tampoco hay dos que tengan idénticos motivos o fondo, es un hecho real que no hay dos huellas digitales exactas y sabemos que tampoco hay dos copos de nieve que sean por completo iguales.

Puesto que eres diferente de cualquier otra persona en todos los aspectos, debes tener un sentimiento de importancia y justificarlo. Debes saber que la vida te formó para un fin y que tienes que ocupar un lugar que ningún otro ser en el mundo ocupa. Tienes que saber que la vida con todos sus poderes, cualidades y facultades te formó y que por lo tanto debes de tener un profundo sentido de apreciación y estimación por ti y procurar la justificación de tú existencia y llenar el propósito para el cuál fuiste creado. Ningún ser humano puede vivir sano y feliz sin el aprecio y estima de sí mismo.

"Piensa en el próximo amanecer" y ¡exclama! ¡"Hoy me di un tiempo" para pensar en la vida! ¡Es mi vida! Decidí entonces que a partir del próximo amanecer voy a cambiar algunos detalles para ser cada nuevo día un poquito más feliz. Para comenzar voy a mirar para atrás. Lo que pasó es pasado. Sí erré, ahora no voy a poder corregirlo, entonces ¿para qué renovar lo que pasó? Sí, reflexionar sobre esos errores para hacer de ellos un aprendizaje para "mí hoy".

No todas las personas que amo atribuyen mis cariños como "me gustaría" ¿Y qué pasa? A partir del próximo amanecer voy a continuar animándolas, pero no a tratar de cambiarlas. Puede ser que fueran como me gustaría que sean y dejaran de ser las personas que amo. Eso lo deseo. Cambio yo… Cambio mi modo de verlas. Respeto su modo de ser. ¡Pero no piensen que voy a desistir de mis sueños!

A partir del próximo amanecer voy a luchar con más ganas para que ellos si cumplan. Pero va a ser diferente. No volveré a responsabilizar a nadie por mi felicidad. ¡VOY A SER FELÍZ! No voy a parar mi vida porque lo que deseo no sucede, porque un mensaje no llega, porque no oigo lo que me gustaría oír. Voy a crear mi momento… Voy a ser feliz ahora… Restringiré los "porque" ¡Tendré otros días por delante! Nunca más daré mayor importancia a los problemas que aún no conseguí resolver.

A partir del próximo amanecer voy a AGRADECER A DIOS por todos los días, por darme fuerzas para vivir, a pesar de mis problemas. Dejaré de sufrir por lo que no consigo tener, por lo que no oigo o no veo, o por el tiempo que no tengo. Tampoco sufriré más por anticipado, pensando siempre lo peor. A partir del próximo amanecer solo voy a pensar en las cosas buenas que tengo. Mis amigos y mi familia nunca más necesitarán darme un hombro para llorar, voy a aprovechar su presencia para sonreír, cantar, para repartir felicidad.

A partir del próximo amanecer voy a ser yo mismo. Nunca más voy a tratar de ser un modelo de perfección. Nunca más voy a sonreír sin ganas o decir palabras amorosas solo porque los demás quieren oírlas.

A partir del próximo amanecer voy a vivir mi vida SIN MIEDO A SER FELIZ y aprenderé a quererme cada día más.

Cada uno de nosotros es vida personificada, somos cada uno la vida manifiesta en una persona, por esta razón, el individuo contiene en sí mismo toda la inteligencia, el poder, las facultades y los instrumentos para la expresión de la vida, toda persona tiene la habilidad dentro de sí misma, el poder y la inteligencia a su disposición para expresar la vida en paz, feliz, en abundancia y a satisfacción. Toda la abundancia de vida nos ha sido dada para nuestro bien, para nuestro uso, el bien nos rodea, cada persona tiene acceso a él y todo individuo tiene un instrumento que puede utilizar para traer a su vida propia todo aquello que él desee, este instrumento es la MENTE y cuando piensas, la estás utilizando. La mente es el gran principio, instrumento creador o agente de vida plena.

Puedes trazar tu propio destino: Cada uno de nosotros puede trazar su propio destino sin limitación en cuanto a lo que él quiere tener, hacer o ser, esta idea puede ser SORPRENDENTE para algunas personas, porque ellas se sienten débiles y frustradas, debido a que no se comprenden a ellas mismas y no saben quiénes son en realidad. Estas personas suelen hacer que alguien tome la responsabilidad de ELEGIR Y DECIDIR por ellas.

Cuidado con tu VOLUNTAD: La voluntad es el sentido errante de la mente creadora, es el hijo pródigo, es tu "yo" interior con varios perfiles, "caras", es el "Diablo con cachos y cola" o "el Ángel con alas blancas y brillantes", es quien domina tus impulsos y actitudes, es quien te incita o enseña el sendero que has de tomar en determinadas circunstancias adversas, "El del bien o el del mal", es todos tus actos y es aquí cuando debes tomar las precauciones de rigor y tener la capacidad de saberla controlar y afrontar, tomando las decisiones correctas y acertadas.

Si vas con tu perro por un camino y de repente este te hala fuertemente del cordel del cual lo sujetas, tirando en una dirección determinada, lo sostienes y no prestas atención, pero vuelve a insistir con más fuerza, entonces miras en esa dirección y valoras el porqué de la inquietud del animal, un hueso grande, carnudo y muy provocativo; pero instintivamente realizas una inspección visual captas la posibilidad de una trampa, es más percibes por corazonada el inminente peligro; "Este es tu Ángel de alas blancas y brillantes", "Esta es la voluntad positiva de tu conciencia que te advierte, tu voluntad objetiva que te indica"; pero el perro insiste en dirigirse hacia el suculento manjar que lo espera, él no tiene razón perceptiva, se rige por el instinto de supervivencia natural, solo ve el objeto y lo que representa para su estómago. Esta es la representación de tu voluntad negativa, es tu "Diablo con cachos y cola".

La determinación está en tus manos, el continuar por el camino y hacer caso omiso al empeño y a la insistencia de tu compañero de viaje, o darle gusto para no contrariarlo y enojarlo al no ser permisivo en la satisfacción de su deseo; para con esta actitud ganar su aprecio, su confianza y conservar su amistad.

Para asombro de todos, la verdad es que cada uno de nosotros es de hecho una encarnación de la vida misma y si queremos ser fieles a nosotros mismos y a la vida que representamos, no debemos de reusar la responsabilidad de elegir lo que conviene hacer con nuestra propia vida.

Por infortunio, la persona de clase media no se compromete a sí misma y a menudo ni siquiera desea conocerse, no comprende que al momento que hace su elección, es, en realidad la vida (infinita) la que está eligiendo. Ignora que la mente que usa es de hecho la mente de la vida y que tiene detrás de sí cada vez que toma una decisión, toda la inteligencia y el poder de la vida misma.

Vas conduciendo por la ciudad y de casualidad observas que las puertas de un banco están abiertas, paras, ves con asombro que en su interior sobre una mesa de vidrio reposan una cantidad incuantificable de fajos de billetes sin custodia y el interior vacío por completo, miras a tu alrededor, la ciudad brilla por la soledad; estás solo para actuar.

Sorprendido, te apeas del vehículo, vuelves a inspeccionar a tus costados en todas las direcciones, completamente vacío, "¡estás asombrado! ¡no es posible ese regalo de Dios!" "¡Dios que he hecho para merecer este regalo", "no lo puedo creer!", te acercas más a hurtadillas hasta la puerta, ¡observas! y vuelves a inspeccionar y nadie en el lugar, absoluta soledad y ¡exclamas!, ¡esta oportunidad solo se me puede presentar a mí una sola vez en la vida! ¡Dios mío que hago!

Estas en un callejón sin salida, donde se altera la capacidad de pensar con lógica racional, donde tu voluntad dominante negativa está activa e insistente y prevalece sobre toda clase de reacción diferente de la mente; pero tu voluntad positiva, "Ángel con alas blancas y brillantes" y tu intuición te dicen, ¡ojo!, ¡Voz de alerta!, ¡peligro!; por otra parte tu conciencia te recuerda el compromiso que tienes en valores y comportamiento, que el dinero no es tuyo, que no te pertenece, que no lo has ganado, y todos los "n que, interrogantes, que se te ocurran" y por lo tanto es causal de delito, que al tomarlo puedes ser castigado y enjuiciado por la ley y encarcelado; pero la voluntad negativa dominante insiste con su voz melodiosa y con ese encanto sonoro que no se puede reusar y al interior te dice, -¡lo bueno que puedes pasar en la vida, comprando lo que quieres, viajando y disfrutando sin preocupación alguna, si lo tomas, lo depositas en el carro y partes sin rumbo fijo!, ¡hazlo!.

Tú solamente tienes el poder brillante de determinar cuál es la decisión que debes de tomar, eres la única persona con inteligencia inmediata para salvarte o condenarte, estás dotado con la capacidad insoluta de la mente para dominar el alcance persuasivo de tu voluntad para bien o para mal. Tienes el atributo de usar la comunicación con ese poder que ejerce el control de fiscalización profundo, que hemos llamado ESPÍRITU, él es el consejero que nunca miente.

Cualquiera sufriría una conmoción si supiera que todos podemos elegir lo que queremos experimentar entre todas las posibilidades universales de la experiencia, que no necesitamos que otro haga nuestras elecciones y puesto que cada uno de nosotros representa un punto consciente de elección de la vida, todos deberíamos estar por completo informados de nosotros mismos y de nuestros poderes.

Debemos saber que podemos tomar nuestras propias decisiones y luego actuar consecuentes sin temor o vacilación. Este poder de elegir es lo que nos hace a cada cual un individuo, "un dios en su propia razón" y nuestras elecciones determinan lo que nos sucede, lo que será nuestro futuro feliz o desdichado, de éxito o de fracaso.

En las dificultades apremiantes, hay personas que llegan a los estados máximos de desesperación, hasta el grado de adoptar actitudes de angustia mortal, hasta el portal que determina la realización de este acto irracional. En estas ocasiones, si es determinante que el individuo adopte una posición de calma, que tenga el coraje, la cordura y la valentía para darse cuenta de que sus actitudes equivocadas y malas concepciones expresadas a través de sus actos, los cuales motivaron el estado de desesperación y motivaron su derrota; tienen solución.

En una ocasión una señora desesperada quería quitarse la vida, estaba exasperada por no tener trabajo y las deudas la tenían sumida en un estado de preocupación, intranquilidad y tensión, que día a día más la oprimían y la llevaban al borde del suicidio; a esta persona le faltaba el valor y la fe para edificar algo sobre ella misma; "no se necesita valor para morir, lo que le falta es el coraje para vivir"; después de recapacitar y quitarse el velo que le impedía ver para su interior, llegó a darse cuenta de cuán imposible era que Dios la maltratara y vio que era ella misma la que se lastimaba, fue capaz y obtuvo el coraje en DESCUBRIRSE A SÍ MISMA, llegó a darse cuenta que era un perfecto instrumento a través del cual la vida podía y quería darle una OPORTUNIDAD y luego de hacer un análisis objetivo; pudo trazarse una meta y alcanzarla tal como la creía, montó un pequeño negocio, la vida comenzó a tener un verdadero significado para ella y hoy es una mujer extraordinaria y feliz, haciendo lo que desea, como lo quiere y haciéndolo en forma venturosa.

El alcanzar tu comprensión interna te dará un extraordinario sentimiento de alegría, conocer lo que eres y lo que puedes hacer con la fuerza de vida que tienes a tu disposición, te dará un sentimiento de entusiasmo o de temor, según lo que pienses acerca de ti, si temes algo, si te sientes débil y frustrado, es porque no conoces lo que realmente eres, puedes y tienes. Lo real, maravilloso, lleno de potencia y significativa aglomeración de energía y conocimiento que eres en verdad.

No hay límite alguno para lo que puedes HACER, TENER o SER. *"El genio es un uno por ciento de inspiración y un noventa y nueve de transpiración." -Thomas Alva Edison, Harper's Monthly.*

La mayoría de nosotros hemos sido instruidos por padres o maestros para buscar fuera de nosotros la satisfacción a nuestros deseos, por lo que hemos mirado hacia afuera en la búsqueda del poder, la fuerza y la felicidad ya sea por ignorancia o reusando a considerar la cosa más importante para nosotros en la totalidad de la vida. Ya es tiempo de que despertemos y miremos a lo que el más grande maestro de todos los tiempos, aquel que ha influido en la presente civilización occidental más que ningún otro, nos dijo: "El reino de Dios está dentro de ti, está en tu mente".

"EL SECRETO DEL HOMBRE Y SU ÉXITO ESTAN DENTRO DE ÉL. EN SU MENTE".

CAPÍTULO Nº 2

El poder mágico dentro de ti

¿Te detuviste a pensar alguna vez, que, la fuerza mental que Edison, Beethoven, Emerson, Einstein o los hermanos Wright y muchos otros usaron, es la misma que usas? Es una realidad que el poder mental usado por los más grandes al través de los tiempos, es el mismo que tú tienes a disposición. "Hay una mente común para todos los individuos".

Tú también puedes hacer milagros: Ahora puedes preguntarte, ¿Quién soy yo para compararme con los grandes y milagrosos creadores? Y la respuesta es la siguiente: "Ellos usaron la misma fuerza mental que usas", por supuesto que ellos la usaron más eficiente y los benefició, pero si tú la usarás del modo más eficaz y con mayor comprensión, serías capaz de hacer más, ser más y tener más.

Es natural, que nosotros tenemos que empezar en el punto en que estamos, con el entendimiento que tenemos y aumentar ese conocimiento, esa información almacenada y usarla para alimentar nuestro intelecto. Debemos aprender todo lo posible acerca de nosotros y de ese magnífico instrumento mental que tenemos para usar y crear, y luego la debemos usar.

En cierta ocasión me abordó una joven alumna que quería publicar una canción, había ensayado muchas casas editoras y había fracasado, no obstante que ella creía que la canción era buena, durante el dialogo llegó a la convicción de que en el momento preciso alguien se interesaría y publicaría su obra, en su imaginación vio la venta de millones de copias y que sería cantada y promocionada por todos los medios de comunicación, se forjó un cuadro del éxito en su mente e hizo que su intuición la guiase sobre lo que debía hacer, obro de acuerdo con su mayor comprensión y no tardó mucho tiempo en encontrar el editor adecuado, entusiasta y transparente, quién la representó y el éxito de la joven fue rotundo; ella cambió su pensamiento con relación a los resultados y mantuvo ese nuevo estado mental actuando sobre ella misma con mucha fe, que era todo lo que necesitaba para triunfar en la vida

No te desanimes, no te acobardes, siempre recobra tu coraje, fortaleza y determinación para afrontar los graves problemas, reconoce tus valores y aprovecha ese poder interior que posees y esa fuerza de vida que te alienta. Recuerda que, "Todo problema tiene solución en la vida y puesto que tiene solución, no se debe considerar como un problema".

Cuando piensas usas la mente

Por medio de tu pensamiento, el cual significa el uso de la mente, pones en movimiento una causa que se convierte en acción, que da como resultado un efecto proporcional a la causa.

A través de la vida vemos todo esto, si se siembra en la tierra una semilla de olivo, debe de obtenerse la misma planta. Pero recordemos, si se quiere obtener la planta de olivo, debe plantarse la semilla, en la vida todos deseamos tener un resultado, enseguida nos imaginamos dicha planta en floración y tenemos fe en que si plantamos la semilla obtendremos la planta deseada, con lo cual procedemos luego a efectuar dicha siembra.

Todo es fruto del trabajo de la mente y cada resultado que obtenemos es la consecuencia de este trabajo. Demasiado tiempo hemos pensado que solamente somos un cuerpo con cerebro, circulación y otras funciones animales, hemos fracasado en el reconocimiento de ese punto de la vida consciente que está tras el cerebro y tras el cuerpo, podemos pensar que todo esto es la obra de un gran creador, Dios supremo que está en el cielo o en algún otro lugar dirigiendo con una varita.

Podemos haber censurado un Dios exterior o creador de nuestros errores o fracasos, la incapacidad para obtener un empleo, el estado de pobreza absoluta, la mala fortuna, la racha de enfermedades, la falta de bienestar y felicidad en la vida, algunos culpan incluso a un mal Dios al que llaman diablo, muchos rehúsan encararse a la verdad, la que consiste en que ellos, por medio de su pensamiento negativo, son los promotores que han buscado esas experiencias enfermizas y desdichadas.

Las fuerzas creadoras de la vida están disponibles para cada uno de nosotros y la mente es el instrumento creador, todos usamos este instrumento y creamos lo que no queremos o lo que pretendemos, la mayoría de las personas reciben alegría por sus éxitos, pero estas mismas quisieran culpar de sus fracasos a algo o alguien fuera de ellas.

Aunque no les gustaría culpar a Dios en muchas palabras por sus tribulaciones, no obstante, dirían, "Bien, Dios lo dispuso así". "Si él me hubiera querido, no me habría puesto enfermo". "Si él hubiera querido hacerme rico, no me hubiera hecho pobre", estas no dejan de ser excusas pobres y la persona que las usa está escueta, tratando de evadir su propia responsabilidad.

A medida que logres ser a diario más consciente de tu poder, descubres que la vida o Dios responde siempre a tus deseos de acuerdo con los hábitos de pensar dominantes, actitudes, creencias, y principios, pues ello está hecho dentro del "yo", por la vida infinita y siempre conforme a tu fe.

Observa tus pensamientos: Observa siempre tus pensamientos, tus actitudes, tu fe y verás cómo el poder infinito de la vida responde a tus estados mentales.

No estemos enfocando a un Dios místico, misterioso o abstracto, sino que miremos fijos una fuerza de la vida interior, utilizable, demostrable, inteligente y llena de amor, la cual no es solamente la vida de ese inmenso y total universo, sino la misma vida tuya, dirige tú vida, eres tú mismo.

Una persona nació con el don de realizar un sin número de actividades y durante su vida activa siempre manifestó la inquietud de investigar, innovar, hacer, armar o desbaratar, prestar ayuda a los demás, leer y documentarse, estudiar y soñar, ser ordenado, organizado, deportista y hacer uso de las diversiones sanas, dentro de las normas de convivencia social y familiar de la época.

Pero éste descubrió el método del desdoblamiento, cuando en determinada ocasión soñó que estaba volando y que era capaz de sostenerse en el aire como las aves y que disfrutaba del inmenso placer que le proporcionaba el poder divisar el panorama en lontananza, apreciando la naturaleza en todo su esplendor, los ríos y ciudades iluminadas, bajo el brillo de la inmensa luna llena que le brindaba un toque ensoñador a la estrellada noche y le daba un agradable toque placentero al paseo nocturno.

Absorto en la felicidad de la experiencia, se dedicó a planear y con su vuelo continuar. Pero no tuvo en cuenta que necesitaba reponer energías (combustible), y cuando esta se agotó, sucedió, sus alas se aquietaron y en picada descendió, ¡qué susto durante la caída experimentó! Fueron los minutos más largos de su vida, pero cuando fue a estrellarse, ¡Que grito tan fuerte pegó! ¡Que de la cama se cayó! Despertó bañado en sudor, con el semblante tembloroso, con el ritmo cardiaco acelerado, con los pantalones mojados y por supuesto con mucha sed.

Ya calmado y después de reponer las energías perdidas por tan largo viaje y por el susto tan tremendo causado, se sentó a reflexionar sobre cómo podía solucionar el problema, en el caso que se le volviera a presentar la ocasión de realizar otro viaje y cuál habría sido la principal causa de tan tremendo susto.

La reflexión le arrojó como resultado que, la causa del susto no fue tanto la impresión de quedar con el impacto, como una torta de carne para emparedado de hamburguesa, sino el miedo por la incertidumbre y la preocupación de no tener la noción de tiempo y lugar; de no saber a qué distancia estaba del lugar de origen, del clima, ciudad o país donde iba a caer, porque estaba desnudo y no contaba con recursos para costearse el regreso; en los segundos que trascendieron a su caída creó su subconsciente toda clase de imágenes de terror, tortura y desgracia a los que podía estar expuesto si su triunfal descenso se realizaba en una zona de conflicto, o por la falta de alguien que le pudiera brindar un sonrisa de despedida en el caso remoto de aterrizar de cabezas y a esa velocidad sobre una mina de un campo minado.

En cuanto a suplir el problema de combustible supo que por falta de pericia y una constante experiencia práctica, no recordó que con solo proveer de aire el tanque de los pulmones habría evitado que sucediera tan catastrófico desenlace; -lo tendría en cuenta.

Las excursiones continuaron y se hicieron muy frecuentes y con ellas se presentaban espectaculares experiencias; en una ocasión volaba desprevenido, absorto en contemplar el panorama nocturno, el brillar de las estrellas, el roció que se sentía golpear en su cuerpo, la belleza de la luna en todo su esplendor, ¡Cuando aparece una enorme Águila nocturna que se reflejaba tétrica, impetuosa y agresiva, que avanzaba en actitud de cazador hambriento y en cuyo pensar se dibujaba con los reflejos de la luna cual mesa con un mantel, adornado con una apetitosa cena para sus polluelos.

Empieza la persecución por la presa y la intempestiva huida de ésta; al ver el inminente peligro, llenó sus pulmones de combustible y alitas que te ven, en su afán y desespero por conservar su integridad no recordó utilizar los poderosos gases que poseía como arma letal de defensa para ahuyentar a tan poderosa bestia y para lograr esquivarlo a una cueva se metió y de esta forma se liberó de su enemigo.

En otra salida se encontró de frente con un enorme avión y viéndose succionado por el túnel de aspersión de las turbinas de este, logró colarse en la corriente superior, evitando la catástrofe y salir ileso y triunfante de esta aventura; determinó que para las próximas expediciones debía de utilizar los instrumentos de aeronavegación para prevenir incidentes tan bochornosos, que en pleno siglo XXI no deben suceder.

Esta persona explotó esa capacidad creadora que le brindó el brillante poder de su mente para viajar durante el sueño, conocer muchas partes y países; cuando viajó físicamente a diferentes lugares, estos se le hacían familiares. En su vida laboral ejecutó y dirigió obras de alto riesgo en su país y en otros países, aprovechó el poder de su mente para predecir e incluso hasta con ocho días de antelación muchos accidentes en su empresa y a sus trabajadores.

Con prudente sabiduría, cordura y humildad disponía todos los medios de seguridad y los exigía al máximo, para que todos usaran los implementos y normas de seguridad establecidas; así durante 40 años y con más de quinientos empleados a su cargo en áreas abiertas y cerradas con alto grado de dificultad y peligro, no hubo de lamentar en el tiempo un accidente o desmembración de alguno de sus trabajadores y cargar a su conciencia la infelicidad del futuro de una familia.

Esta persona ha sabido usar este don sobrenatural de su mente, para contribuir en el bien de su propia felicidad, la de los demás seres, de la naturaleza y del medio ambiente.

SIGMUND FREUD. La interpretación de los sueños

Freud, en efecto, inició su revolución en 1897 con su estudio sobre los sueños. Comprobó que los pacientes se referían con frecuencia a ellos cuando enlazaban libremente sus pensamientos. Freud los animaba a relacionar sus sueños y sus recuerdos, y observó que estos nexos revelaban algo que el sueño, por sí mismo, no ponía de manifiesto. Concluyó que existían dos niveles en el significado de los sueños. Uno era el «contenido manifiesto» del sueño; otro, el «contenido oculto», el auténtico significado, aunque a menudo soterrado y cubierto bajo disfraz. En opinión de Freud, los sueños constituyen la válvula de seguridad del sujeto que duerme.

El sueño aliviador más sencillo es el de la «necesidad satisfecha». El hambriento sueña que devora suculentos manjares, pero también es posible que disfrace su apetito y la satisfacción de este con un sustitutivo, quizá con un acto sexual. En este caso, el paciente, al relatar sus sueños y sus conexiones, empieza a percatarse de que sexo y alimento tienen para él un común denominador emocional. La mayoría de los sueños son infinitamente más complicados. Requieren una mente tan penetrante y experta como la de Freud para desenredar la complicada maraña de los sueños y poner de manifiesto el significado que en ellos late.

Al cabo de numerosos años de paciente análisis, Freud acabó por descubrir un secreto lenguaje de símbolos y asociaciones propio de los sueños y del subconsciente. Este lenguaje extraño parece universal. Todo el mundo lo utiliza, y Freud, al descifrarlo, empezó a alumbrar el *irracional* y *laberíntico*, "pero también extraño y lógico" proceso de la conducta del **subconsciente** humano.

Freud también analizaba con detenimiento sus propios y numerosos sueños. Antes de advertir toda su importancia, comprendió que encerraban frecuentes significados y profecías. Los descubrimientos que realizó en sí, combinados con los de sus pacientes, constituyeron la base de *La interpretación de los sueños*.

Posteriormente, incorpora la interpretación de los sueños en el tratamiento psicoanalítico, ya que entiende que el sueño expresa, de forma latente y a través de un lenguaje de símbolos, el conflictivo origen del trastorno psíquico. La interpretación de los sueños es una ardua tarea en la que el terapeuta ha de vencer las "resistencias" que le llevan al paciente a censurar su trauma, como forma de defensa.

Otro aspecto para tener en cuenta en la terapia psicoanalítica es el análisis de la transferencia, entendida como la actualización de sentimientos, deseos y emociones primitivas e infantiles que el paciente tuvo hacia sus progenitores o figuras más representativas y que ahora pone en el terapeuta. Su análisis permitirá al paciente comprender a qué obedecen dichos sentimientos, deseos y emociones, y reinterpretarlos sin que ocasionen angustia.

Freud hace una formulación topográfica del psiquismo e incluye en él tres sistemas: uno consciente; otro preconsciente, cuyos contenidos pueden pasar al anterior; y otro inconsciente, cuyos contenidos no tienen acceso a la conciencia. La represión es el mecanismo que hace que los contenidos del **inconsciente** permanezcan ocultos.

Más tarde presenta una nueva formulación del aparato psíquico que complementa a la anterior. En esta formulación estructural el aparato psíquico está formado por tres instancias: **el ello**, instancia *inconsciente* que contiene todas las pulsiones y se rige por el denominado principio de placer; **el yo**, que tiene contenidos en su mayoría **conscientes**, pero puede contener también aspectos inconscientes, se rige por el principio de realidad y actúa como intermediario entre el ello y la otra instancia del aparato psíquico; y **el superyó**, que representa las normas morales e ideales.

Tu guía interior: ¿Has sido impresionado alguna vez con la maravilla de tú propia existencia? ¿Estás de verdad agradecido de que existas? Tú eres un ser humano y la humanidad es la más alta experiencia de la vida en la tierra, tienes tan alto sentido de apreciación de ti, que puedes decir lo que los antiguos maestros enseñaban a sus alumnos a hacer: golpearte en el pecho y decir: "¡maravilloso, maravilloso, maravilloso, soy yo!".

¿Qué es lo que ves cuando miras profundo dentro de ti?, ¿Reconoces ese punto de la vida que dice: "yo soy", "yo existo", "yo puedo", "yo quiero mirar dentro de mí"? Ese "yo" es un punto de la vida que se reconoce y se dirige a uno mismo; es un ser que se auto conoce y se auto dirige, ¡Que interesante y complejo organismo eres!

En el punto que eres sabedor de ti, reconoces que tienes un deseo de vivir, de existir y de expresarte. Deseas ser feliz y libre y no hay límite al deseo de *vivir y vivir rica, abundante y gloriosa.*

Tus deseos toman muchas formas a diario; pero cuando un deseo se cumple, siempre encuentras la manera de extenderlo, cuando más tienes, más quieres tener, esto hace a tus deseos infinitos por naturaleza; todo deseo es infinito, ilimitado e inmortal.

El deseo es un estado mental
Tus deseos operan a través de toda naturaleza, la vida desea expresarse y experimentarse continuamente ella misma: La planta desea florecer, el árbol crecer, el pájaro cantar y el deseo dentro de ti, como ser humano, es realmente el anhelo de la vida de expresarse, así, el deseo es tan ilimitado como la vida misma.

Un niño de cinco años, todos los días de su existencia vio una jaula en el patio de su casa y dentro de ella unos pajaritos revoletear dentro de ella, siempre de pequeño sus padres, tíos y abuelos lo levantaban en brazos y lo enseñaban con estos a conversar y mirar sus juegos y coqueteos, el niño con el tiempo se acostumbró a dirigirse a los animalitos en prisión.

Al tiempo cuando estuvo en capacidad de subirse por sí sobre una silla, tomó una que encontró a la mano, se subió, y quedó frente a sus amigos y se puso a conversar con estos, en el transcurso de su amigable charla, les abrió la puerta permitiéndoles la salida; feliz y contento los vio volar fuera de su jaula y estos en agradecimiento revoletearon a su alrededor y despidiéndose se perdieron entre el follaje que existía alrededor de la casa, este se quedó feliz de su acción y se bajó de la silla y siguió con sus juegos de rutina.

Al darse cuenta su abuelo del hecho, le pregunto por qué había abierto la puerta, el infante respondió en la forma más natural y espontánea, "Abuelo, estuve conversando con los pajaritos y estos me contaron que se sentían muy aburridos y tristes de estar en una jaula tan estrecha, el espacio era muy reducido y las alitas se les aporreaban cada que volaban de un lugar a otro; además me dijeron que ellos veían a otros volar libremente y que incluso los visitaban y comían de su alimento y que podían irse cuando notaban la presencia de alguien, y, ¿por qué ellos no lo podían hacer?

Entonces yo al ver su tristeza. "Se me ocurrió una idea", "les abrí la puerta para que salieran y sentí una inmensa alegría cuando los vi volando en la parte exterior, incluso se pararon en el muro y se despidieron de mí". El abuelo se quedó pensando y luego lo felicitó por haber tomado una buena decisión; lo que no ocurrió con la dueña que tenía gran estima por sus animalitos y que tanto le habían costado, pero al final también aplaudió la actitud del niño y hasta el presente no se los ha reemplazado.

En el sitio dentro de ti donde se produce el deseo, hay también una fe que dice: "aquí hay una respuesta a tu deseo", tú sabes y crees que con el tiempo y oportunidad alcanzarás la realización de tus anhelos, cada cosa que haces se dirige a lograrlo, la fe te guía en todo cuanto quieras hacer y no hay límite en el camino por donde ésta te pueda llevar. Puede ocurrir que no uses la fe de un modo pleno, pero está ahí, es una condición implícita de la mente.

En el punto donde tú piensas, deseas y tienes fe, hay también una facultad llamada IMAGINACIÓN, por ello tienes la capacidad de hacer planes, cuadros, imágenes en tu mente. La imaginación es tu departamento para hacer planes y está bajo tu dirección, no hay límite a tu capacidad para usar la imaginación, pues es una facultad infinita. Algunas personas "La gran mayoría" no la usan en forma muy eficiente, pero ella está ahí para ser usada con mérito.

En algún momento que tengas la oportunidad de tomarte un segundo de tu tiempo, agarra una hoja de papel, palpa con tus dedos y copia la sensación que esto te produce, mira la calidad de este, su estructura, color, área y forma; estás tomando nota de estas apreciaciones; lo olfateas y logras determinar los posibles componentes que te resultan familiares para identificar los productos que lo integran, lo haces sonar, lo estiras con fuerza pero sin romperlo, luego lo arrugas y compruebas su grado de resistencia física y hasta donde te sea posible haces un diagnóstico de su firmeza y composición química; lo llevas a un estanque, lo mojas, tomas el tiempo preciso que se demora en humedecer y de aquí puedes documentar con detalle su peso en estado seco, mojado, que cantidad de agua puede soportar sin desintegrarse, cuanto tiempo a su desintegración, calidad de la fibra y continuar con un análisis físico químico integral de laboratorio; ahora déjalo secar y empieza con este trozo de papel a realizar una investigación más profunda con estas tres preguntas: ¿Como? ¿Dónde? y ¿Para qué se hace? Suponemos que es una hoja de papiro; debes poder imaginarte primero como se consigue la semilla de la planta, para adquirirla y luego el lugar propicio o la vasija para sembrarla, abonarla, cuidarla, cosecharla, empacarla, transportarla, prepararla, procesarla hasta obtener el producto terminado; en su etapa siguiente, al paso por el almacén de la planta manufacturera, rotularlo, codificarlo almacenarlo, comercializarlo, despacharlo, luego venderlo al menudeo, hasta que llega a tus manos.

Cada una de estas actividades demanda el desarrollo de un incalculable número de operaciones técnicas, manuales y financieras, con las que puedes llegar a entretener el segundo de tu tiempo durante días, semanas o meses hasta obtener un documento amplio y significativo sobre el análisis de una simple hoja de papel, que de pronto nunca imaginaste que podría demandar tanto tiempo de ti. Fíjate que se amplía tu imaginación a medida que le exiges y ella replantea cada una de tus exigencias hasta que te envuelve en su anhelo de conocimiento y hace que sea agradable y te contagia hasta el punto de que desarrollas actitudes y aptitudes cada día más y más brillantes.

Puedes tomar una idea o memoria de una experiencia y juntarla con otras ideas y memorias, resultado de ello: una nueva idea, es decir, que tienes el poder de "razonar", de asociar las ideas y llegar por medio de ello a conclusiones lógicas. Estas actividades las puedes realizar con cualquiera de los elementos que existen en el universo y ejercitas tu mente y desarrollas tu inteligencia. *"Todo descubrimiento, no es casual, es la continuidad de la "Luz natural de la razón" de tu pensamiento, pues este no duerme cuando algo lo inquieta, en su camino encuentra respuestas alternas que concluyen inventos diferentes al proyecto propuesto" ¡Este es el premio, al brillante poder de la búsqueda!".*

Tienes un guía interior

Cuando miras dentro de ti, encuentras también una facultad llamada guía interior. ¿No has tenido muchas veces un indicio o inspiración, que, sin motivo y sin previa experiencia sabias que era verdad? Y ¿luego moviéndote en esa dirección descubriste que todo ello era realidad? Entonces hay algo dentro de ti, "una brújula o facultad de la mente", que te guía al sitio justo en el momento preciso, o a decir palabra justa y hacer la cosa apropiada en forma correcta. Si tú reconoces esa facultad y confías plenamente en ella, si eres fiel a la misma y la usas, entonces no habrá un límite hacia donde la facultad tutora de la "La luz natural de tu razón" te pueda conducir.

Por consiguiente, Ella es también una facultad infinita. El hombre de ciencia describe a veces la Conciencia como "un mecanismo de inhibición" o una facultad mental interna que nos impide hacer las cosas de forma equivocada, o sea que ella nos guarda de hacernos daño a nosotros como personas o de ser infieles al principio vital que llevamos dentro, tampoco esta facultad tiene límite, motivo que nos invita para estar siempre alertas a escuchar la voz de la conciencia. Y dentro de nosotros está la inteligencia o capacidad de saber y aunque alguien haga todo el uso que guste de esa facultad, no podrá llegar nunca a decir que hay un límite a nuestras posibilidades de adquirir la sabiduría. Por tanto, hay una inteligencia y juicio ilimitado dentro de cada ser humano.

Está también el amor, muchas personas aman a otra persona, animal o cosa que no son las adecuadas para ella; es decir que pueden expresar los impulsos amorosos en una dirección equivocada; sin embargo, cada uno tiene que amar algo, la capacidad de amar es ilimitada. Nosotros podemos experimentar esa cualidad sin límites y podemos elegir la manera de expresarla. También existe dentro de cada uno el deseo de vivir en paz y estará siempre listo para ejercitarla. Algunas personas manifiestan esa condición más que otras, pero nadie se atrevería a negar que haya un límite a la paz que pueda ser expresada por cualquiera.

Existe así mismo dentro de cada uno la cualidad de lo bello y cada cual puede limitar la expresión de la belleza o puede manifestarla en una forma grande y maravillosa, pero por mucho que uno la exprese no agotará las posibilidades de su locución, existe también la expresión refleja e implícita como cualidad la alegría y felicidad, si no experimentas alegría, no es porque esta no exista para ti, sino que no se manifiesta por medio de ti y para ti, la alegría y la felicidad son siempre utilizadas sin límite alguno.

¿No es asombroso cuan rápido entiendes, cuando realizo a conciencia, una inspección del interior, se descubren cualidades infinitas, permanentes, de inteligencia, sabiduría, paz, belleza y gozo, y que en realidad era todo lo que te gustaría experimentar? y también dentro de ti, están todas las facultades por las cuales esas cualidades pueden ser expresadas como: las de deseo, las de fe, la de imaginación, las de razón y guía.

Apréciate a ti mismo

¿No es un hecho que esas facultades de la vida que te gustaría experimentar en la existencia y esas otras facultades para la expresión, contribuyen al verdadero ser QUE ERES? ¡Ellas forman tu personalidad! ¿No convendrías en que esas facultades divinas, inmortales, ilimitadas y esas cualidades encarnadas dentro de tu ser "en realidad naturales para ti", ¿constituyen tu personalidad real? ¿No crees, que mientras que desarrollas el conocimiento interno de tu ser y la capacidad para usar esas facultades y expresar esas cualidades de la vida, te extiendes dentro de la vida infinita y divina?

Entonces, puesto que tu fe, la imaginación, la fuerza de tu razón son ilimitados y que el amor, la paz, el poder, la belleza y la alegría están sin límite dentro de ti, no sería practico y útil que te consideres realmente como ¡*Un ser sin límites*! Además de las facultades y cualidades que has descubierto dentro de ti, tienes también la capacidad de ELEGIR y DECIDIR. Así, puedes elegir cómo y hasta donde quieras usar esas facultades y puedes elegir qué y cuánto de esas infinitas cualidades manifestarás. Esto significa que a través de tu poder de elegir y decidir puedes formar la personalidad y el carácter que elijas y solamente tienes el poder interior de elegir, sino, también el de obrar en proporción con la elección hecha.

Todas éstas son facultades mentales y cualidades espirituales ilimitadas que te han sido dadas para ser usadas, expresadas y experimentadas por ti cuando avanzas en el CONOCIMIENTO DE TU "YO", además estas cualidades, junto con las facultades a través de las cuales pueden ser expresadas, están esperando que las uses. El solo límite puesto a la expresión y a la experiencia de este almacén interior, de esta central de fuerza, es el que tú mismo le pongas.

Es natural que no debieras ser tan loco como para rehusar consciente a las CUALIDADES que la vida te ha dado, pero si las ignoras, es casi lo mismo que si no las tuvieras. Uno pude tener a su nombre cien millones de pesos en una cuenta del banco y, sin embargo, si no supiera que los tiene o se negara a girar sobre esa cuenta, esa cantidad sería de poco valor para quien la tiene, por consiguiente, cada persona debe reconocer sus recursos y usarlos, si quiere que sean una bendición para él.

Puesto que tú eres la vida, encarnas las facultades y cualidades de ella, ¡Lo que la vida es, ESO ERES! El punto central es ese al cual te refieres cuando dices "YO", en ese punto es donde prefieres como y hasta qué extensión expresarás las cualidades de la vida y como usarás las facultades mentales, puedes elegir expresarlas en una forma negativa o positiva, puedes escoger el expresar tu fe como temor, puedes seleccionar el crear representaciones en tu imaginación de esas cosas que no quieres en lugar de las que quieres, tú puedes expresar el amor como odio y puedes rechazar el manifestar alegría o felicidad, no hay un límite trazado sobre tu capacidad para elegir, por esa razón todas las posibilidades existen en el punto de tu elección.

"No hay nada bueno o malo, sino que el pensamiento lo hace así", recordemos nuevamente que el espíritu es ese poder conocedor de sí, y como ese centro INTIMO tuyo, el "YO" es sabedor de mi interior, él es el espíritu tuyo, el dios dentro de ti, ese es el pensamiento, el punto de elección desde el cual diriges la creación de tu mundo de experiencia, justo como el espíritu único de la vida dirige el poder en toda la naturaleza.

Así, pues, eres una persona "una personalización" de la gran vida, eres un punto de la conciencia de Dios, que usa las facultades de Dios y expresas las cualidades de él. Cuando llegas a ese conocimiento, has descubierto a Dios, el Dios más íntimo, el cual está más cerca que el aliento, más cerca que las manos y los pies. Antes de que podamos elegir con éxito los poderes de la vida a producir para nosotros esas cosas buenas que deseamos, antes de que tengamos dominio sobre nuestro mundo tal como estamos formados para hacerlo, es necesario que lleguemos a ser sabedores de esta verdad fundamental y básica acerca de nosotros mismos. Es necesario comprender que en ese punto de sabiduría en que decimos "YO", somos el Dios vida mismos. Siendo modestos en la interpretación del concepto.

Alcanza el conocimiento de ti mismo

Nosotros estamos haciendo el conocimiento personalmente con el Dios vida, el Dios poder y el Dios inteligencia, QUE SOMOS NOSOTROS MISMOS, reconociendo nuestras capacidades y responsabilidades, nuestros deberes y privilegios, procederemos a usar el poder de la mente para salud, felicidad y prosperidad, para la paz, alegría y belleza, es decir procedemos a vivir gloriosos, en conclusión tenemos ahora una idea de lo que es expresado por las palabras de Cristo: "El Reino de Dios está dentro de vosotros".

Del debido aprovechamiento de nuestro tiempo depende nuestro éxito en la adquisición del conocimiento y cultura mental. El cultivo del intelecto no ha de ser impedido por la pobreza, el origen humilde o las condiciones desfavorables. Un propósito, un trabajo persistente y la cuidadosa economía del tiempo capacitarán a los hombres para adquirir el conocimiento y la disciplina mental que lo calificarán para cualquier posición de influencia y utilidad.

La mente es la ley creadora de la vida: Si nosotros queremos dirigir el poder universal de la mente de un modo constructivo y creador, para realizar los deseos de nuestro corazón, entonces debemos reconocer que tenemos el derecho y la capacidad de hacerlo así. O sea que tenemos que aceptar que somos realmente lo Universal, el Dios vida individualizado, no eres una persona pequeña con una mente pequeña, la mente que usas es la mente infinita, creadora y divina que creó todo lo existente, ¿no es esa una idea maravillosa digna de meditación?, ahora, date cuenta que eso es verdad contigo y en la extensión con que puedas aceptar esta idea acerca de ti, acerca de la mente que usas y como aprendes a usarla, tendrás la clave para la solución de todos los problemas.

Muchas personas han fracasado hasta ahora en la comprensión de esto y yo sé que hay otras muchas que rehúsan creer en ello, la persona de clase media no se compromete, se siente débil, tímida, llena de ansiedad, no comprende que el poder ilimitado de la vida es SUYO, que la mente creadora está a su DISPOSICIÓN para usarla a su gusto, tampoco comprende que la vida está lista para darle TODO lo que necesita con tal de que lo tome legalmente. En su frustración, ignorancia y comprensión de sí, tal persona pide a Dios lo que considera que está en alguna parte fuera de ella.

No disputes por tu bien: Las personas que no reconocen su poder interior Divino, se sienten con frecuencia débiles, desanimadas e infelices, los asilos están llenos en toda su capacidad y hasta rebosantes, de personas que han sufrido frustración y abatimiento.

Las prisiones están llenas y nosotros tenemos guerras a causa de que las personas no se comprenden a ellas mismas. No reconocen y no usan en forma constructiva el poder de Dios que llevan dentro, miran siempre el sitio indebido en busca de su bien, su felicidad y su paz mental, descuidándose por completo de ellas, tales personas no comprenden la dignidad de la vida humana ni la importancia de su personalidad, no controlan su propio pensamiento, sino que lo dejan correr desenfrenado hacia el temor, el odio, la envidia y la codicia, no dándose cuenta de que la vida responde de acuerdo con su actitud y la fe hacia ellas, estas personas piensan que tienen que luchar por su bien.

Creen equivocadas que su bien es opuesto al bien de los demás, por consiguiente, desean su propio bien con preferencia al de sus vecinos, sus patrones o sus empleados. Si, este mundo debe estar libre de conflictos, el individuo debe liberarse de sus dificultades personales, debe de haber una aceptación de los enormes valores y poderes que tiene cada individuo. Debe llegarse a una comprensión de la Divinidad e Inmortalidad de cada persona y de su relación con otras personas y con su origen.

Es necesario llegar a un conocimiento de las leyes de la vida y las grandes sociedades han de ser instruidas e inspiradas para usar esas leyes, a fin de que logren el mayor bien para ellas y para los demás.

No hay miseria cósmica, el infinito nos rodea, todo lo que nosotros necesitamos para nuestro éxito, felicidad y bienestar está dentro de nosotros o a nuestro alrededor. Solo por ignorancia y mal entendimiento las personas rehúsan con frecuencia aceptar sus bendiciones, no comprenden la concordancia automática de la vida con ellas mismas. Son muy pocas las personas que comprenden y creen entender que lo que les sucede está en correspondencia con su fe. El hombre medio rehúsa el reconocimiento de las leyes básicas que rigen las Relaciones Humanas "La ley del amor, la ley de causa y efecto". Por esta razón la persona media tiene conflictos, frustración e infelicidad.

Eres el centro de tu experiencia, tu mundo de experiencias está formado y dirigido por ti en el punto de tu propio pensamiento individual, inspirado por tus deseos, planeado por tu imaginación y convertido en experiencia por tus creencias o tu fe. La ley universal de la mente da a tus vivencias la forma y volumen de acuerdo con el modo que deseas en tu corazón, sería bueno para cada uno de nosotros meditar sereno cada día sobre esta verdad básica acerca del SER y cuando lleguemos a un alto grado de comprensión de nosotros, el temor desaparecerá de nuestras vidas, descubriremos dentro del SER, todo lo que necesitamos para vivir como debemos vivir.

CAPÍTULO Nº 3

El poder mágico de la fe

Imaginemos a una persona que tiene fe y no encuentra un empleo, sea que haya o no alguna justificación para esa fe. Convendríamos acertados que ella es una fuerza poderosa para la lucha cuando se está tratando de encontrar un empleo. Esta persona sabe que él es incapaz económicamente de cuidar de su familia a menos que tenga un empleo y, además, le tiene miedo al futuro, cree que es un fracasado y está convencido de que no logrará lo que quiere y debería tener, es decir, que tal persona, tiene profunda fe en lo negativo. Tiene fe en su falta de poder, en su insuficiencia; tiene fe en su incapacidad para tener un empleo y enfrentarse a la vida. ¡Tiene una fe negativa!

Fe positiva contra fe negativa: Supongamos que esta persona llega a comprender que no debe ser un fracasado, que ve la vida actuando de acuerdo con lo que él cree de sí mismo. Supongamos que alcanza a imaginarse que puesto que él tiene una capacidad real y un talento único, es necesario en alguna parte de los negocios del mundo y que solamente su temor a la vida o su fe personal es lo que se interpone en su camino. Si él considera esta verdad sobre su conducta y actúa de conformidad con ello, es decir, que cuando él adquiere un mayor conocimiento de la verdad acerca de su actitud, su fe cambiará de lo negativo a lo positivo y cuando esta fe en sus capacidades cambie, cambiará también sin duda alguna su experiencia. Esta persona no necesita más fe, necesita en forma inteligente y acertada dirigir la que ya tiene; su fe negativa lo aleja del bien, mientras que la fe positiva lo acerca a lo bueno. La fe es algo muy real en la vida de cada uno de nosotros, es en realidad un estado de la mente. Los exhortadores religiosos nos urgen con frecuencia que tengamos fe, nos mandan a tenerla, pero no reconocen que nosotros ya la tenemos, pues no seriamos humanos si estuviéramos sin ella y nunca hemos existido un segundo sin ejercerla.

Cada experiencia que tenemos, buena o mala, nos viene en virtud de nuestra capacidad para tener fe en algo y con el uso de ella hemos forjado nuestro cielo o infierno. Del mismo modo que cada uno ama alguna cosa, así también tiene fe en algo, nadie necesita ser instado a tener fe, pero debe saber instaurar cómo moldearla, dirigirla y usarla, es probable, que el caudal más importante que nosotros tenemos es el inmenso poder de creer, creemos por instinto, la tarea que tenemos ante nosotros es la de cambiar nuestra fe de negativa a positiva, de tener fe en lo que no queremos, a tenerla ferviente en aquello que queremos, y cuando hacemos esto, descubrimos el "santo de los santos".

Cuando estemos inmersos en la enfermedad y el estado crítico, pensemos y aferrémonos con fe en las fuerzas naturales de la vida, que ellas sabrán curar y restaurar en forma inteligente los tejidos del cuerpo, veremos a través de la imaginación el restablecimiento de nuestra salud. Esto sucede por el hecho de crear un manto que envuelve una atmosfera de fe positiva acompañado de la indestructibilidad del alma y las infinitas leyes de la vida, valiéndose de la armonía y la cooperación activa de la naturaleza del ser, removiendo los estados mentales negativos y sustituyéndolos por positivos, confiando en el poder curativo de la vida, por medio de la estimulación, de la energía de la mente y de la imaginación. Nadie conoce exacto cómo opera la naturaleza humana para crear estos estados de acepción, pero el poder de la mente y la fuerza de la fe, todo lo pueden.

Estamos aprendiendo a usar la mente en comparación con la naturaleza a fin de que podamos experimentar más del bien que la vida tiene para nosotros. Hay una inteligencia en la vida que sabe cómo se desarrolla un vegetal de una semilla, hay un poder inteligente que sabe cómo curar y sanar su cuerpo. La naturaleza de la cosecha conforme a la fe del agricultor, si este no tiene fe en la cosecha no sembrará la semilla en buena tierra y continuará obteniendo una cosecha de malas hierbas, pero por supuesto, por medio de la fe en el resultado de la cosecha, el agricultor hace el cultivo con el cuidado correspondiente.

¿Qué es la fe?

La fe es una convicción, una percepción mental, la fe debe elevarse por encima de lo que nos dicen nuestros cinco sentidos, ya que éstos solamente nos reportan la apariencia del mundo físico. Cierto que la fe puede ser negativa o positiva, pero la fe que cura, que remueve las montañas, tiene que ser una certidumbre acerca de algo que no puede ser visto y que por el momento no puede ser probado.

Emerson dijo, que todo lo experimentado, lo que había visto y vivido, producía en él la fe que no podía ver. Quien quiera que razone solamente de acuerdo con lo que le revelan los sentimientos corporales o crea que los medios del conocimiento son solamente la vista, el oído, el gusto, el olfato y el tacto, está dominado por las apariencias. El hombre mismo es algo que no puede ser visto, la vida no puede ser vista, pues la vida de un hombre es algo inmaterial y solamente puede ver lo que ella hace; toda persona tiene que volverse hacia su verdadero ser espiritual y descubrirse a sí, y conocer la realidad de ella misma.

Es decir, tiene que entablar conocimiento consigo misma; tiene que saber que ella, como un punto consciente de la vida, tiene el poder de elegir lo que hará en cualquier circunstancia, por esta razón, la persona no está bajo el dominio o control de algo exterior como ello parece a través de los cinco sentidos. Hay personas que dudan de esta naturaleza invisible, de ellas mismas; dicen que no creen en algo que no pueden ver, oír, tocar, gustar u oler, sin embargo, nosotros conocemos que el amor existe aun cuando nadie lo haya tocado y sabemos que existe la mente, aunque nadie la haya visto nunca, así mismo, también sabemos que la vida existe, aunque nadie haya podido nunca ponerla en un tubo de ensayo o medirla con una cinta métrica.

Todas estas cosas son realidades aun cuando ellas sean invisibles, cada uno de nosotros es una realidad invisible actuando a través de un cuerpo. Así, por ejemplo, me hablas mediante el uso de las cuerdas vocales, tu cuerpo y tus actos son simplemente los medios de expresarte, pero es tu alma quién habla a la mía. La persona que vive a secas del exterior y hace toda estimación de lo que sus cinco sentidos le dicen, está relacionada solo con las cosas materiales; y por lo regular se siente bajo la influencia y el control de la apariencia de las cosas.

Por medio de la fe viva es como tú y yo podemos escapar de los lazos de la enfermedad y la pobreza, que son apariencias, o sea experiencias, pero no realidades. Nosotros vemos el poder terrible del pensamiento negativo a nuestro alrededor y para ser dichosos en el negocio de la vida, para tener paz, debemos de saber que estamos sostenidos por un poder, una inteligencia, que es más grande que las fuerzas finitas que hasta ahora hemos considerado en nosotros. En cada una de nuestras vidas individuales llega un momento en que todo lo material parece fallar y no hay nada que pueda resolver nuestro problema.

Es entonces cuando para resolver los problemas y sobrevivir, hemos de sentirnos ligados a algo sustancial y eterno, algo que nos dé el sentimiento de permanencia; debemos saber que somos realmente inmateriales e imponderables, pero que somos, sin embargo reales; puesto que la vida es, indestructible, nosotros somos indestructibles; nuestra verdadera naturaleza es divina, infinita e inmortal; cuanto más aceptamos esta verdad básica y fundamental acerca de nosotros mismos, tanto más libre e ilimitado será nuestro pensamiento.

Emerson dijo. "Es lo universal lo que da valor a lo individual", él explicó que la vida universal se ha individualizado a sí misma en cada uno de nosotros de modo que cada individuo es en sí la vida universal; nosotros tenemos poderes universales a nuestra disposición por lo cual es lo universal lo que nos da valor y permanencia como individuos. Si nosotros podemos identificarnos con una vida, un poder, una inteligencia que no tiene límites, debemos deducir que creemos en nuestras posibilidades de salud, éxito y prosperidad ilimitados. Uno de nuestros más grandes científicos modernos, el Dr. Jung ha dicho que en cincuenta años de experiencia no había visto nunca una cura de neurosis sin un retorno a la fe, esto se comprende fácil, ya que el temor o la fe negativa es la base de la neurosis.

Cierto, este eminente Dr. No quiso decir que nosotros debíamos retornar a una particular clase de fe circunscrita a un Dios particular, ni tampoco a una rama particular de religión, pues sus pacientes representaban toda clase de grupos religiosos de todo el mundo; él quiso decir que debemos descubrir algo válido en que podamos poner toda nuestra confianza. O sea que debemos tener confianza, tener fe en la honestidad e integridad de la vida y de las leyes de la naturaleza y saber que tenemos dentro de nosotros mismos la capacidad y las facultades a través de las cuales podemos estar buenos, felices y con vida próspera.

Esto es algo muy íntimo, muy reservado y desafiante para cada uno de nosotros. Tú puedes haber tenido alguna mala experiencia no corriente, algún desastre, alguna pérdida y todo entonces, se te volvió negro; el mundo puede haberte parecido vil y tú haberte convertido a la fe negativa; puedes haber decidido conformarte con ello y tratado de seguir adelante lo más alegre posible; tal vez te pareció que el mundo debe de haber sido creado por un demonio y si esto te ha sucedido así, es lógico que sólo un nuevo pensamiento, una nueva idea, un nuevo estado de fe te puede salvar. Te aferras al dictado de tu voluntad negativa y es posible que no le prestes atención al mensaje de tu voluntad positiva. Algo nuevo tiene que entrar dentro de tu mente, algo que trascienda esa experiencia, necesitas tener pensamientos más positivos, tener más vigorosas ideas y más claros conceptos; necesitas llegar a creer que hay algo dentro de ti que puede elevarse encima de esas desdichadas experiencias.

Todo hombre necesita creer que hay algo más para nosotros y para la vida que lo que es visto, tocado, gustado, oído y olido; debemos saber que somos algo más que nuestros cuerpos, pues a menudo nos descuidamos en reconocer la causa de nuestro mundo interior, el mundo de las ideas, los ideales y los motivos; en sí, nosotros llegamos a estar tan ligados con el cuerpo, tan cautivados por nuestro mundo inmediato por la apariencia de la situación, que descontamos los valores de la mente que son invisibles.

No has conocido a dos personas de la misma familia, ¿una enferma y la otra buena? ¿Una triunfante y la otra fracasada? Sus cuerpos alimentados prudente por la misma clase de comida, pero uno está enfermo y el otro está sano, uno tiene una experiencia de pérdida, se hace un fracasado y continúa siéndolo y como él se cree un fracaso, vive una vida sin éxito.

El otro deja que la misma experiencia lo estimule, lo inspire para nuevas alturas de pensamiento y lo acucie para los éxitos consiguientes; el hombre que se ha elevado a sí mismo por arriba de la experiencia del promedio ha creído en algo invisible dentro de su ser, lo cual sirvió para elevarlo por encima de la experiencia del fracaso.

Fácilmente comprenderemos que la diferencia en las experiencias de estas dos personas fue el resultado de sus estados de fe individuales. Debes lograr una decisión personal y una fe acerca de los poderes invisibles de la vida, la mente y el alma. Lo invisible es tan real como lo visible; la fe es tan real como las manos y los pies, el amor es tan real como tu corazón, la felicidad es tan real como tus órganos digestivos.

Cuando vives integro en un nivel biológico, viviendo solo en lo visible, no eres más que uno de la raza; vives en el nivel del promedio, enfermo una parte del tiempo y bueno otra; pobre una parte de la época y con un bienestar razonable la otra. Es decir, que el promedio de la experiencia de los seres humanos es tu experiencia.

La persona que vive solo en el nivel del cuerpo o incluso en el de las emociones, no reconoce que tiene dentro el poder para elevarse por arriba de las experiencias. Puede hacer esto solo reconociendo un nivel más alto que trascienda la frontera de la información que recibe a través de los cinco sentidos. Cuando vives de apariencia solamente, es necesario que separes las cosas de tu alrededor. Las cosas parecen ser tan grandes y tú tan pequeño en la comparación real, que es natural que te sientas frustrado, y para vencer la frustración tienes que llegar a pensar diferente acerca de ti.

Puedes cambiar tu fe: Recuerdo a una gran persona cuyos padres eran propietarios de un inmueble, en el que él había nacido y pasado todo su existir hasta superar la mayoría de edad, en un grupo familiar con una estructura sólida en valores y en un ambiente feliz, al lado de estos y sus hermanos; para él la locación tenía un valor sentimental incalculable, además de ser al momento el único espacio y albergue de sus seniles progenitores; del hecho; estos habían comprometido en hipoteca el inmueble y por causas del destino no lograron cancelar la obligación y se vieron abocados a restituir el inmueble o a pagar una suma demasiado exagerada con relación al valor real de este; desesperado por carecer de un lugar adecuado y por la premura del acontecimiento, para ubicar a sus padres, por un lado y por el otro, el aprecio y cariño que tenían sus ancianos padres por el inmueble, lugar donde vieron nacer y crecer a sus hijos, el temor que esto pudiera ocasionar en ellos una crisis depresiva por la nostalgia u otra clase de enfermedad dependiente.

El hecho, es que la situación se presentó apremiante, por la falta de recursos inmediatos y por la premura del suceso, para adoptar cualquiera de las soluciones presente y a la mano. Después de reflexionar con mucha fe y optimismo, se determinó interponer una petición de prorroga en el juzgado para prolongar el tiempo del lanzamiento, lo cual se logró.

En el limbo de la calma esta persona recuperó la tranquilidad, el tiempo y la fe para resolver su problema. Los ubicó en un apartamento moderno, amplio, más central, donde cuentan con todos los recursos necesarios para una mejor movilidad y nivel de vida, fue acogido con beneplácito y sin restricciones por ellos, donde viven felices y gozan de una radiante salud física y espiritual.

Recordemos siempre estas palabras, "CUANDO DIOS NO VIENE, MANDA EL ANGELITO", "No hay problema, por muy difícil que sea, que no tenga solución". "Entiende que la fe mueve montañas".

Esta no es la historia de un milagro, no hay nada sobrenatural en ello; esta persona usó la capacidad de su mente, e inyectó fuerza a su estado de fe para buscar una solución sin acuciar a los demandantes o implorar su clemencia; no era una cuestión de fuerza y la inquietud tampoco ayudaba, lo que hubo simple y llano fue un cambio de fe; él llegó a ver que sus padres tenían la fuerza suficiente para afrontar un cambio, entonces tomó la determinación de ubicarlos en otro lugar, más central, mucho mejor con mayores garantías de seguridad para su condición.

Cambia tu fe y cambian tus experiencias: Todo está hecho para ti de acuerdo con tus creencias; si cambias estas, cambiará tu experiencia.

¡La vida es real!, pero no la puedes ver, no puedes ver la vida ni ver la fe, pero ves lo que la vida hace por medio de la fe, puedes ver la evidencia y la fe no es menos real que tú mente, pues ella es un estado de la mente; tus motivos son invisibles e inmateriales. El hombre real es también invisible, y cuando recuerdas que eso es verdad acerca de tu ser, entonces sabes que eres real, indestructible e inmortal. Desde ese momento ya no eres esclavo de tu cuerpo, de tu medio o de tus asuntos, ya no estas bajo el control de la competencia del exterior; todo tu vigor y fuerza vienen de la fe en las cosas no vistas. Crees que eres fuerte y serás fuerte". "Duda y serás débil".

A menos que nosotros dependamos y tengamos fe en eso que está por encima y más allá del nivel material de la sustancia, tendremos poco de que depender; la mayor parte de nosotros hemos puesto frenos a nuestro pensamiento claro; así como obstáculos delante de nuestra imaginación.

Pero cuando aprendemos a quitar los frenos a nuestro pensamiento y desembarazamos a nuestra imaginación, somos libres. Un nuevo estado de fe no se establece por medio del uso del poder de la voluntad, ni crispando nuestros puños y frunciendo las cejas, tampoco se hace forzándonos a crecer.

Nosotros no podemos inflar nuestra fe como la llama de un automóvil, sino que simplemente ponemos el fundamento racional y lógico para ella y luego actuamos como si ello fuera verdad. Muchas veces he oído a personas que han dicho, "yo comprendo esto en mi intelecto, la razón me dice que es verdad", "pero tengo dificultad cuando voy a tocarlo y trato de obrar".

Un hombre muy inteligente dijo una vez: "La fe sin obras es cosa muerta" y una interpretación muy buena de ese acierto sería que la fe muere a menos que se trabaje por ella, pues la fe se activa por medio de las obras; "Si yo actúo como si fuera, yo seré", Si crees que este universo de vida que te rodea es de amor y simpatía, que ello te sostiene y está interesado en ti, actúa entonces de ese modo y estarás en paz.

Si la razón te dice que la vida no puede ser aniquilada, que tú como encarnación de la vida, no puedes convertirte en nada, que tú no puedes ser aniquilado, entonces has puesto una base para la fe en la inmortalidad; luego, por todos los medios, obra como si fueras inmortal. Cierto que pasarás a otra experiencia por algún tiempo, pero aún entonces existirás. Si eres inmortal, nunca morirás, por tanto, norma justificada, puedes muy bien resolver tú problema ahora. Es placentero y mejor resolverlo en el acto que posponerlo para algún tiempo en el futuro.

Si en realidad crees en tu propia inmortalidad, no te prepararás para morir, sino que te preparas para vivir; sabrás que todo pensamiento te cambiará en algo, por tanto cada movimiento y cada acto, los elegirás cuidadoso en relación con tu futuro inmortal. El temor o la fe negativa es solamente una condición de la mente y puede ser cambiada o enderezada por medio de la comprensión y de la razón y se puede sostener por medio de la acción.

La vida no reacciona conforme a tus esperanzas, sino conforme a tu fe. Esta es algo por lo cual llegas a ser, algo con lo cual te has identificado, y debes de actuar como si lo que crees fuera verdad, pues actuando así, tus creencias llegan a ser algo real dentro de tu experiencia. El más grande maestro, de maestros, sugirió que "cualquier cosa que tú desees, cuanto eres, cree que lo has recibido y lo tendrás". El estableció una ley, dijo que la vida obra contigo conforme a tú fe, conforme a la representación que tienes en la imaginación. Todo es hecho para ti de acuerdo con tus convicciones, con lo que realmente eres, según la extensión de tus creencias, así llega a ser lo significativo en tu vida.

El personaje de la biblia, Job, después de muchas pérdidas, daños, tormentos y frustraciones, manifestó, "Eso que yo temía tan grande, vino sobre mí", vio que aquellos males en los cuales él tenía fe, aquellas circunstancias y alucinaciones que estaba convencido de que le llegarían, Llegaron a ser realmente su experiencia.

Los cuatro fundamentos de la vida

Hay cuatro elementos básicos sobre los cuales debes establecer una fe positiva, **Primero**, debes llegar a tener fe positiva en la bondad, la integridad, la confianza y la simpatía de la vida de Dios. Debes llegar a creer que la bondad inteligente de la vida del amor te trajo aquí y puesto que te hizo, es claro que te trajo con un propósito, por lo cual es evidente que la vida está interesada en ti y prueba ese interés rodeándote con todo lo que necesitas.

Medita realmente sobre esto y llegarás sin duda alguna a creerlo, llegarás a creer que esa vida es realmente buena más bien que mala y que lo que tú has llamado malo hasta ahora es meramente el resultado de tus elecciones y del uso equivocado de lo que es bueno. La vida está a favor tuyo más bien que contra ti y es a ti a quien toca ponerte en armonía con las leyes de ella o con su modo de obrar. El consejero moderno está muy interesado en lo que tú crees acerca de Dios, pues él quiere saber si tienes miedo a la vida o si tienes fe positiva en un poder utilizable por ti, a través del cual puedes vencer tus dificultades.

Segundo, debes llegar a tener fe positiva en el hombre, reconociendo así que éste es una individualización de la bondad de la vida. Si puedes conocer que eres una encarnación de ésta y que tienes dentro de ti, a tu disposición todas las cualidades y las facultades de la vida junto con el poder de elegir como debes de usar esas facultades y como apropiarte de las cualidades, tendrás fe en ti, y teniendo ésta, sabrás que otras personas son también fundamentales y buenas, es decir, que si tienes fe en ti, las tendrás en otras personas y del mismo modo conocerás que no eres una máquina operada por algo exterior, sobre la cual no tienes control. Verás que eres un ser vivo con el poder de elegir a donde quieras ir y lo que quieres hacer.

Por el contrario, si crees que eres considerado una máquina, no tendrás una alta opinión de ti, ni la tendrás de otras personas. Eres real, un trozo de carne, existes como un alma inmortal. Pero dependiendo de lo que crees, obrarás y tratarás a los demás de acuerdo con esa creencia. Es natural que esto quiere decir también que serás tratado por otros conforme a tu creencia sobre lo que eres.

Si te crees indigno, otros te considerarán inferior, pero si crees que eres adecuado, que la vida es devota para tu bien y que eres importante, obrarás automáticamente de ese modo y harás que el puesto que ocupas sea importante. Ese es tu campo de radiación y atracción positiva.

Tercero, debe llegar una fe positiva en las leyes de la vida, en otras palabras, descarta toda la fe en la suerte. El hombre de conciencia moderna ha mostrado que no hay un punto en este universo donde opere la ley, la persona que cree en la suerte cree que ella está a la merced de los vientos de la adversidad. Pero aquel que cree que las leyes de la vida están a su disposición y que puede usarlas, ve, al punto, que él puede dirigir y controlar su destino. ¿Crees que es necesario para ti tomar todo como viene y que no puedas hacer nada en ello? ¿O crees que puedes inyectar nuevas causas a la corriente de la vida, que puedes aceptar nuevas ideas, y así tener nuevas experiencias?

Luego, como punto **cuarto**, debes creer en la inmortalidad personal, creer que cuando mueras, continuarás viviendo. Esto es práctico, pues si crees que vivirás siempre, que la muerte no es el fin, entonces sabes que tendrás que resolver los problemas alguna vez y el sentido común y práctico dice que ello puede hacerse también ahora como alguna vez en el futuro, en realidad, cuanto más pronto mejor. No es necesario para tener más fe, sino que lo que necesitas es preciso, cambiar la dirección de la que tienes en la actualidad.

Si asientas una fe positiva en estos **cuatro elementos** fundamentales "**Dios, Hombre, Ley e Inmortalidad**" no puedes tener fe negativa en nada, porque todas las cosas y todas las escenarios de tu vida están representados de algún modo por estos cuatro elementos.

Hace algunos año enseñaba en una clase de adultos la ciencia de vivir, esta, estaba compuesta de personas activas, de negocios y profesionales, nuestras discusiones giraban a menudo en torno a este asunto de fe, en una ocasión un contratista dijo "toda mi vida he sentido algo equivocado dentro de mí, porque me he sentido sin fe, he tratado, suspirado y llorado por tener fe, pero ahora he descubierto al final, que no es necesario tener más fe que la que siempre he tenido, todo lo que necesito es enderezar la que tengo".

Básicamente todo lo que se necesita es tener una fe positiva en la vida misma, puesto que eres vida, el sentido común te dice que otras personas son vida, igual que tú y que todas las personas están sostenidas por la misma vida, lo que tienes que decidir, es si esa vida es buena o mala, si es un amigo o un enemigo y tal como la veas, así la tendrás.

Desde el momento en que eres vida y Dios es vida, eres una personalidad del Dios vida; si no puedes tener confianza en ella, en su honestidad y en su integridad, eres por cierto la más miserable de las personas. La vida es, sin embargo, digna de confianza y te corresponde; ella es todo aquello en lo que tienes que confiar y tú dependes de ella en cada momento. La vida lo comprende todo y puesto que nosotros tenemos el poder de elegir y usar la mente o las leyes de la vida, podemos traer a nuestra experiencia el sistema de vida que nos plazca.

Cada persona puede confiar absolutamente en una vida ilimitada, pues el reino de Dios está dentro de ella; el individuo puede saber que está anclado en una realidad infinita y cuando llega a conocer esta verdad, está libre de toda limitación. El saber que tú eres importante, que tienes un propósito, te cura de esta desdichada enfermedad llamada apatía; estás sin aspiraciones en tanto que tu vida está desintegrada, lo que necesitas es lanzarte en una sola pieza, marchar en una sola dirección, pues no puedes ir hacia adelante al mismo tiempo que estás mirando hacia atrás; no puedes volar en varias direcciones a la vez si has de ser efectivo. Para alcanzar una fe positiva en la vida, cúrate de cualquier sentido de debilidad o vicio. ¿Como puedes sentirte débil si sabes que estás identificado con el poder y la vida infinitos?

El saber que una vida infinita, responsable te ha traído al mundo y te sostiene, te curará por cierto de todo sentimiento de temor o de fe negativa, que es la mayor maldición del género humano; examinar tu fe es muy importante para tú bienestar.

Vives por la fe cada minuto de cada día, llega por tanto a una fe satisfactoria, positiva y luego obra como si lo creyeras, pues la acción es necesaria para tener una fe dinámica, e incluyente.

CAPÍTULO Nº 4

Tu ilimitado poder de elección

¿No es maravilloso saber que tienes el poder de elegir lo que quieres pensar, decir y hacer?

Esta capacidad de hacer una elección consciente forma la diferencia del hombre con los animales inferiores. Por medio del ejercicio de su poder de decidir, el hombre triunfa o fracasa en los negocios en la vida.

El bien contra el mal: Lo que el hombre llama mal es el resultado del uso o dirección de las energías de la vida en un modo improductivo y destructor.

El llamado hombre malo usa la fuerza mental y corporal en un sentido destructivo, mientras que el hombre bueno, el hombre recto, usa sus poderes de una manera constructiva, útil y productiva; la fuerza, la energía y el poder no son en sí mismos malos ni buenos, sino que el bien o el mal está en su uso y eso es determinado por la elección del hombre. El hombre en el fondo no es en sí malo, pero debido a la ignorancia, el temor y el fracaso, él elige a menudo el uso de sus poderes en una forma errónea.

La ignorancia es el único pecado. Puedes usar la electricidad para alumbrar tu casa o para electrocutarte. El poder del hombre para creer puede ser usado contra él mismo o para su bien, él puede elegir, cuando nosotros tememos, usamos nuestro poder de creer en la forma equivocada, el temor, es un estado negativo de la mente, es sin duda alguna el enemigo más grande del hombre, la fe o un estado positivo de la mente, es el mayor aliado del hombre, ella lo libera del enemigo.

Una persona con cáncer diagnosticado por los médicos cambió su miedo dominante, por la actitud de fe positiva y se puso como meta cumplir al pie de la letra las medicaciones indicadas por el médico de familia, su fase mental estuvo concentrada en enviarse mensajes dinámicos de vida y con el tiempo se recuperó de su enfermedad.

Cualquiera que sea el método usado para alcanzar su recuperación es válido, lo que fue real y es una práctica segura, es el convencimiento que tenía esta persona en su estado de fe positiva.

Creas tus propias experiencias: La fe es simple, tu estado cerebral y la mente son la ley creadora de la vida, si tienes fe en el éxito, triunfarás, si tienes fe en el fracaso, fracasarás; estás siempre creando, pues tienes alguna clase de fe, si estás siempre pensando, los pensamientos producen según su clase.

Toda persona crea su experiencia a través del uso de su mente, lo que se llama mente no es más que el uso que se hace de una mente creadora universal, la cual ha hecho y continúa haciendo y rehaciendo todo.

"Puedes no ser lo que piensas que eres, pero lo que piensas, eso eres". Muchos de los pensamientos de la persona media son incontrolados, de hecho, están a menudo mal dirigidos, la persona de tipo medio es inconsciente en gran medida del poder de sus pensamientos y cuando estos están mal dirigidos, acarrean experiencias no deseadas.

Si tienes plena conciencia de lo que eres, si tienes igual una idea concreta de la verdad acerca de lo que eres, o de quién eres, reconocerás que puedes controlar tu pensamiento y puesto que lo que piensas, lo que crees y aquello de lo que estás convencido que es la verdad, eso se convierte en tú experiencia y por la elección de los pensamientos, creencias y sentimientos, puedes controlar tus expectativas; el pensamiento es el uso que se hace de la mente.

Toda forma, acción y experiencia es el resultado de alguna operación mental de mayor o menor volumen, la experiencia sobre la lectura que estas realizando, es lo que piensas de su contenido o el perfil de quién lo escribe y eso está dentro de tu mente, interno en tu entendimiento, es íntimo de tu capacidad para caracterizar y emitir juicios.

En el punto donde piensas y esa experiencia dentro de ti determina la aceptación positiva o negativa respecto al entendimiento del mensaje y es directamente proporcional la experiencia obtenida de ti para con quien lo escribe, como de ésta para contigo y cuando tú piensas diferente de quien escribe, éste tendrá una experiencia distinta consigo mismo y cuando cambias tu modo de pensar sobre tus conceptos, variarán las experiencias contigo mismo y si piensas de modo distinto acerca de la vida en general, cambiarán todas tus experiencias.

Cuando escuchas una canción, una conferencia o un sermón, este significa para ti justamente lo que piensas sobre él y este mismo mensaje significará algo diferente para otra persona, porque éste lo considera de otro modo, si tú cambias el pensamiento con relación a tu familia, tu pareja o tus negocios, tendrás experiencias distintas con ellos y apreciarás conductas diferentes, cuantas veces cambies el pensamiento respecto a la caracterización que les apliques. Todo lo que experimentas, siempre es el resultado de tu pensamiento.

Aprender a pensar es aprender a vivir. Esta es una idea tremenda, ¡no la rechaces! Tus experiencias se extienden fuera de ti y son el resultado del pensamiento, tu elección y decisión están dentro de ti, como lo está tu facultad de razonar consciente. Así mismo también está dentro de ti la paz y prosperidad, todo dentro de ese "tú" infinito que eres, puedes decidir cuándo vagas en la quietud de los bosques o disfrutas de un bello jardín, "esta es una pacífica situación", pero, aun así, la paz que experimentas está dentro de tu mente, en tu propio sentimiento.

Una persona mira una puesta del sol y dice, "Que hermoso espectáculo", él está extasiado, conmovido e inspirado, mientras que otra persona que contempla la misma puesta del sol dice, "la luz me molesta en los ojos", Cada persona reacciona ante el espectáculo conforme a su pensamiento dominante, conforme a su interés y elección.

Todo el amor que puedas conocer está dentro de tu mente y cuanto más amor expreses a los demás, tanto más experimentarás. La vida que está dentro de ti y la que te rodea responde a tus pensamientos. ¡Qué ser tan complejo e interesante eres!, de verdad eres un infinito punto de la vida experimentándose y expresándose, con lo cual, por su puesto, eres lo más importante para la vida, para el Dios que te representa.

Los cambios mentales se expresan en el cuerpo y los estados: Puedes haber estado enfermo después de un gran estallido de ira o un intenso sentimiento de temor, esa ira o temor era un estado de la mente.

Fue un estado de fe que elegiste y se produjo dentro de ti de modo correspondiente a tu fe, también puedes haber tenido un sentimiento de debilidad después de un choque de temor o ansiedad y puedes haber notado que todo parecía que iba al revés cuando estabas mental y confuso, puedes así mismo, haber sufrido insomnios como resultado de un fracaso; puedes así mismo, haber sufrido insomnios como resultado de un trastorno emocional y todo ello se ha producido correspondiendo a tu fe.

Una persona salió en su carro y se sentía confuso en sus pensamientos, durante el trayecto estuvo a punto de chocar con varios carros, hasta que recapacitó y se estacionó en un lugar seguro durante algunos minutos hasta que puso en orden sus pensamientos, después de razonar y poner en orden sus preocupaciones y llegando a un entendimiento de su propia capacidad para controlar sus acciones, se sintió más tranquilo y continuó su recorrido.

Las cosas parecen ir mal cuando estamos con la mente en desorden, entonces todo se dificulta, llegamos tarde al trabajo y a los compromisos, las personas nos pisan y parece que estamos esperando ser servidos, no marchamos bien ni con las personas de la casa, de la calle, ni de los negocios cuando tenemos una disposición afligida, un estado de ánimo de tristeza, empuja a las personas fuera de nosotros, pero entonces debemos recordar que el estado de tristeza es una situación mental, un estado de fe, si queremos agradar a las personas, si deseamos que crean en nosotros y que cooperen con nosotros, debemos dulcificar nuestras disposiciones, nuestros estados mentales; debemos recordar que hay que sonreír, alguien ha dicho, "tú no estás vestido completo, hasta que usas una sonrisa". "La sonrisa es el resultado de una elección".

Nuestro éxito o fracaso es el resultado de una condición mental, nuestros pensamientos hacia las personas y hacia nosotros mismos, nuestras actitudes hacia los demás y hacia nosotros, la persona que es tierna, bondadosa y considerada, interesada en los demás, en sus clientes y trabajadores y los ama, es simpática hacia ellos y tiene fe en ellos, tiene un buen negocio.

Una joven mujer nunca había trabajado fuera de su casa, pero con la muerte de su esposo, sintió la necesidad de una actividad creadora, consiguió un empleo de vendedora, aunque nunca había realizado este tipo de trabajo, fue designada a un departamento dentro del almacén y estando en temporada alta, ella se esmeró en el trato con las personas que la requerían, con sus compañeros de trabajo y con todos los empleados del lugar, ella amaba a la gente y se interesaba en ellas y en agradarles, aun siendo la única dependiente sin experiencia como vendedora dentro del almacén, pronto vendió más prendas que ninguna otra; deseoso el gerente en saber por qué sucedía esto, se puso a observar desde una distancia prudente con el fin de desentrañar su secreto.

Otra vendedora que reflejaba con su aspecto tristeza y aburrimiento profundo atendía a un cliente que parecía distraída y confusa.

El cliente cogía prendas por doquier, sin decidirse por la prenda que quería, finalmente después de largo tiempo, la vendedora llamó a la dependiente en referencia y le dijo, ¿Quieres atender a mi cliente? "Yo voy a tomar un café", la especial empleada se encargó del cliente y sonriendo graciosa y con una sincera y afable cordialidad cuando se presentó ante los ojos fatigados de la mujer, le preguntó, "¿Desea usted una prenda para una persona joven o alguna de más edad?", la señora le dijo, "Yo quisiera varias si encuentro lo que deseo", bien, dígame el color que le gustaría y el tipo de vestidos que usan y estoy segura de que puedo ayudarle, tenemos prendas para todos los gustos.

Pronto ellas eran amigas y el cliente se tranquilizó, la dependiente empezó a mostrarle prendas acordes al gusto requerido por esta y en un corto tiempo había comprado una docena y se fue campante, saturada de prendas y feliz.

El resultado fue que la dependiente llegó a ser la mejor vendedora del mes y al poco tiempo la hicieron jefe del departamento, algo sin precedente en ese almacén. Es un hecho que las actitudes se mueven a través de los cuerpos y trascienden en nuestros asuntos. Otras personas reaccionan favorable hacia nosotros si nosotros irradiamos sincera bondad.

Nuestros deseos, motivos, actitudes y elecciones son estados mentales, nosotros hemos creído que un cuerpo enfermo nos hace irritables, creemos también que las personas irritadas nos ponen nerviosos, resultando demasiado frecuente, expuesta la carrera delante del caballo.

Cuando nosotros estamos irritables, temerosos, enojados o estamos en un conflicto mental, generamos enfermedad en nuestros cuerpos, es decir, que ellos reaccionan a nuestro estado mental y así también lo hacen otras personas. Las personas reaccionan de un modo desagradable hacia nosotros sí estamos de mal humor, pero ¿qué es ese humor sino un estado mental?

Tenemos más éxito en este negocio de vivir con nosotros y con los demás, cuando decidimos tener fe en nosotros y en ellos, cuando con honestidad nos amamos y apreciamos y expresamos amor y bondad hacia las personas con quienes nos asociamos.

El poder mágico de la decisión

Nada pone en orden una mente desordenada, o los asuntos alterados, tan rápido como tomar una decisión y mantenerla firme.

La importancia de tomar decisiones: Cuando tú, consciente y deliberado llegas a una decisión partiendo de una premisa lógica y haces que esa decisión permanezca en ti y en tus asuntos, encuentras que estás ejerciendo un dominio sobre tu vida, hasta que haces esto; estás lo mismo que un barco en una corriente sin curso definido, meta o destino y por consiguiente no eres feliz. Todos nosotros sabemos que esto es verdad y por supuesto, todos queremos saber cómo tomar las decisiones correctas, esto es un asunto decidido, una responsabilidad y un privilegio personal.

El hombre es la imagen de vida universal personalizada, individualizada; Emerson dijo, "El hombre es una parte del universo hecho vida", el hombre es un pedazo del universo que se ha hecho consciente de sí mismo; en realidad cada persona es su propio universo; cada uno de nosotros vive en su propio mundo.

El punto de vida llamado tú o yo es un punto consciente, con capacidad de **elección** y **volitivo de la vida universal**, la vida quiere expresarse a sí misma, quiere experimentar lo que es y su expresión en salud, felicidad y armonía es el cielo, por tanto, si expresamos la vida en armonía, felicidad y salud, sentiremos el cielo.

En las plegarias al señor, nosotros pedimos que el cielo sea expresado en nuestro mundo, el hombre desea que las cualidades universales de sabiduría, amor, paz, poder, belleza, armonía y felicidad, sean expresadas en su vida individual y puesto que el hombre es una encarnación de la vida, él encarna las leyes de ésta.

Cómo él usa las leyes de la vida, cómo hace la demanda a la vida para esas cosas que quiere, es el resultado de sus decisiones. Nada de importancia real sucede en nuestras vidas hasta que tomamos una decisión y cuando esa es hecha, estamos decidiendo de qué modo la vida ha de actuar para nosotros.

Una persona que tenía a su esposa y a dos preciosas hijas se había dado a la bebida, relacionado con otra compañera y se había desordenado emocional y social, lo que le ocasionó la pérdida de su familia y de su empleo, el desespero lo llevó a cometer actos delictivos, como falsificación de documentos y otros adjuntos para poder sobrevivir, estaba desesperado y no encontraba ninguna solución inmediata a su situación, intentó el suicidio como el único remedio infalible.

En su camino leyó un artículo en un periódico que estaba expuesto en un puesto de revistas, que decía, "HAY SOLUCIÓN PARA CADA PROBLEMA", bajo el título del artículo había una sentencia, "HAY UNA SALIDA DE RECTO CAMINO PARA CADA SITUACIÓN", al leer esto le dio la esperanza y se puso a reflexionar en el contenido del mensaje y llegó a una conclusión acertada.

Se dio cuenta que el suicidio era un acto egoísta, que no ayudaría, social, mental y sicológica al desarrollo de la vida de su esposa e hijos y acarrearía un fuerte sufrimiento a sus familiares y amigos.

Resolvió entonces que debía hacer lo que entendía que era lo más correcto, se inspiró con la idea de que sí él pensaba y hacia la cosa justa, al final solo tendría como recompensa la justa acción y la felicidad, en una palabra, decidió confiarse de la ley de la vida que le daría lo correspondiente a la elección que el hiciese, pues recuerda la sentencia de Sócrates, "NINGÚN MAL PUEDE VENIR DE UN HOMBRE BUENO", o sea que, "cualquier cosa que le sucede a un hombre bueno, debe a la postre ser una cosa buena", también recuerda el principio de David, "LOS JUSTOS NUNCA SON ABANDONADOS".

Él decidió pedir perdón a su esposa e hijos, concediéndoles la razón al censurar sus actos y que accedieran a darle una nueva oportunidad de vida en familia, regresó con su antiguo patrón, le pidió perdón y le solicitó de nuevo una oportunidad de empleo, con la promesa de lograr un excelente comportamiento y rendimiento laboral, este vio su sinceridad y de nuevo lo admitió.

Había resuelto hacer lo que él creía honesto, justo y correcto, había decidido tomar su medicina, fuera esta cual fuere y a no rehusar su responsabilidad y así regresó a su hogar y a su trabajo con la convicción de ser un hombre honesto y responsable de sus actos. Un cambio mental confiado y decidido en las personas que los encaminan a obrar con sentido común y a tomar decisiones lógicas.

Una decisión aclara la atmósfera: Las decisiones concertadas entre las personas individuales o grupales, enfocadas a soluciones dinámicas y justas, siempre arrojan buenos resultados para las partes. Si nosotros actuamos siempre desde el más alto nivel de honestidad e integridad que conozcamos, considerando el bien de los demás como el nuestro y si sabemos que además de la decisión justa, fe positiva, simpatía y amor que las leyes de la vida, nos entregarán solo en bien para nosotros, entonces los resultados justos y forzosos seguirán.

Cuando el entendimiento entre dos o más personas se debilita y se torna tensa, insoportable o conflictiva, hay que tomar medidas de solución inmediata, creando patrones escritos de comportamiento para direccionar en forma practica la trayectoria de los derechos, deberes y las responsabilidades de todos y cada uno de los actores involucrados en el conflicto, solo con una justa decisión, se logra una acción razonable y una actitud consciente y participativa de las partes.

Cuando con causa justa estamos convencidos de la verdad, de la honestidad de cualquier situación, podemos esperar que las leyes de la vida obren, pero tenemos que creer que ellas quieren obrar, ese es el secreto. En los negocios y en la vida en general no temamos en obrar en representación justa y en esa misma forma nos retribuirán.

Hacemos nuestros éxitos o nuestros fracasos

La decisión, imaginación, fe, experiencia y motivos, son todos aquellos estados mentales, etapas de la mente las cuales influyen en nuestra experiencia.

Por medio del ejercicio de estas facultades soltamos y dirigimos el poder dinámico de Dios que está a nuestro alrededor y dentro de nosotros mismos. El poder del creador está real dentro de nosotros, el poder de la vida es el poder que nosotros usamos, ya que como es omnipresente debe, por esta razón, incluir el que utilizamos en nuestra vida. No hay más que una vida y esta vida se halla individualizada como cada uno de nosotros y el único lugar en que tú y yo conocemos y experimentamos esa vida única es a la que llamamos "mi vida", "tú vida", solo donde pensamos podemos usar ese principio infinito de la mente.

Por eso nuestro trabajo comienza con nosotros; dentro de nosotros está la mente de Dios y por esa razón usamos y dirigimos el poder de Dios; es verdad que muchas personas dirigen su poder hacia el fracaso en lugar de al éxito, hacia la enfermedad más bien que a la salud, hacia la confusión en lugar de la paz.

Donde quiera que estés, cualquier cosa que hagas, estarás siempre enfrentado contigo; pero si quieres mirar profundo dentro de ese mismo tu "yo", encontrarás un estanque sin fondo de infinitas cualidades y facultades que con toda probabilidad no has usado por completo; tales cualidades y facultades esperan descubrimiento, dirección y uso. ¿Por qué no decides ahora emplearla? El saber que esa inteligencia infinita es para tu uso y que un poder infinito está a tú disposición, significa poco si no haces uso de ellos; úsalos pues, a través de la decisión, imaginación y fe perdurable. Dentro de ti está el poder de razonar; tienes en tu interior la capacidad de elegir, posees todas las herramientas, por así decirlo, que necesitas para expresar la vida tan rica y abundante como la quieras. Es necesario saber que esas herramientas son utilizables y luego aprender a usarlas.

No subestimes tus capacidades

No te rebajes, no te vendas por poco; eres un ser maravilloso; la vida opera a través de la ley de la mente y esa ley es tuya para usarla; solamente necesitas, como lo necesito yo, aprender acerca de esta ley de la mente, acerca del modo como actúa la vida y usar dicha ley para experiencias más sanas, felices y abundantes.

Cuando hayas aprendido esto, has aprendido el secreto de vivir sano, feliz, rico y en la abundancia.

No importa en lo más mínimo cuan largo hayas estado usando la mente contra ti y contra tus mejores intereses; puedes comenzar hoy, a dirigir con sabiduría tus experiencias buenas y sanas. Las malas hierbas y cardos viejos del jardín de tu vida, resultado de una siembra equivocada, por supuesto, continuarán floreciendo si no son extirpados y plantadas nuevas semillas, pero puedes arrancar y resembrar hoy, y de inmediato comenzarás a tener un nuevo y diferente resultado en tu jardín.

CAPÍTULO Nº 5

Cada uno gravita hacia la persona o lugar que le es más agradable

¿No has gozado estando en compañía con una persona feliz? pues ya que esto es verdad, si conviertes en lugar agradable aquel en que estés, otras personas gravitarán hacia ti. Ellas vendrán a ti, te rodearán y si les agradas, harán bonitas cosas en tú favor.

Lee con atención "El vuelo del alma": Cuando quieras sonreír y solo puedes suspirar, NO TE CAIGAS. Cuando la suerte te sea adversa y no encuentres fuerzas para seguir, NO RENUNCIES. Cuando no encuentres compañeros de lucha, NO TE APURES. ¡Hay manos que sostienen las tuyas! Cree y siente en cada minuto de tu vida, deja que tu alma "vuele libre" por los jardines hermosos de la confianza en algo superior que llega donde nuestra visión no puede alcanzar, pero sí nuestro corazón puede sentir.

¡Tu alma desea estar libre para darse fuerza y estímulo! ¡INTENTA! Cierra los ojos por algunos minutos y deja tu pensamiento volar por sitios de amor. No podemos cambiar el mundo, ni quitar todo el dolor de la tierra, ni tener ya resueltos todos nuestros problemas, pero podemos a cada minuto mirar con ojos de amor a cada cosa.

Si pensamos que todo es pasajero, miraremos con cariño lo negativo que te encamina a la elevación y perfección y luego observaremos con felicidad el cambio del mal en bien, de tristeza en alegrías. Lo que hoy nos hace sonreír fueron las cosas que nos hicieron llorar ayer.

Nuestras faltas de hoy también son las alegrías del mañana.

Las personas se van, los amores se pierden en el tiempo, los problemas se solucionan, hasta el mismo sol se va cada noche para renacer al día siguiente.

¡No te quedes en medio del camino porque allá… Algo te espera!

La importancia de la autonomía

La atracción de las personas hacia ti es una operación mental; atraer y amar a las personas es algo que está en tu mente; así, cuando otros tienen simpatía por ti y te corresponden, ello es el resultado de un cierto estado de la mente dentro de ti; si te gustas, aprecias y tienes una elevada opinión de ti, marcharás mucho mejor contigo mismo y naturalmente lo harás también mucho mejor con otras personas, tienes que gustarte y respetarte. Kant dice: ¡atrévete a saber! Tus derechos y deberes llegan siempre hasta donde llegan los derechos y deberes de quienes te rodean.

Uno que no se respeta y estima, proyecta sus defectos a otras personas, el individuo que siente que es un fracaso se excusará a sí, razonará su fracaso y dirá que otro es el culpable y hace esto a fin de poder vivir en cierto grado de paz consigo, o tener algún sentimiento de armonía mental. Cada día nos ponemos en contacto con personas que se desagradan por sí solas y es consecuente que ellas proyectan su resentimiento y escepticismo sobre los otros. Naturalmente, esto motiva que otras personas reaccionen en forma automática en rencor y resistencia hacia ellos.

Tú personalidad expresa tus emociones y actitudes. ¿Conduces tus emociones por canales sanos y placenteros, o las dejas correr libremente hasta que con el tiempo te controlan ellas a ti? ¡Cuanto mejor se siente uno física y mental, es cuando se está feliz! El temor, la ansiedad, el odio y la envidia se registran todos en tu mirada, en la expresión facial, en la actitud y en tus maneras. A menudo, un sentimiento de ansiedad se refleja en los hombros caídos, en los pies arrastrados y el ceño arrugado.

Marchas mejor contigo y es a menudo consecuente con otras personas, cuando eres feliz, tienes fe en ti y en los demás, y es recíproco, tendrás fe en otras personas, cuando tengas fe en ti, y la tengas en la vida. No es fácil comprender que la felicidad no es algo que se encuentra fuera de ti, o que otras personas la puedan traer hacia ti; ella es algo que no depende de alguna persona o experiencia exterior. La felicidad es un estado de la mente, un estado innato de la conciencia que puedes reconocer, desarrollar, sentir y apreciar.

Lo mismo que la fe, la felicidad es una cosa interior que puede ser cultivada; puedes pensar que no serás feliz hasta que alcances algo particular que sea bueno, o hasta que estés completo y bien, o hasta que hayas llegado a una particular realización. Esto es poner la carreta delante del caballo, porque la felicidad es una cosa interior.

En lugar de ser el resultado de ciertas realizaciones, el resultado de ciertas condiciones es en sí misma una de las principales causas de la realización. Un estado mental feliz te empuja a experiencias dichosas; Automáticas, estás inspirado para la ejecución cuando eres feliz, la felicidad arrastra la persona adecuada hacia dentro de tu medio; ella atrae amigos hacia ti.

La mente es un inmenso espectro electromagnético: Opera como las ondas satelitales, que son receptoras y transmisoras, sí hablas a un micrófono, serás oído a distancia por miles de personas; tu voz es transmitida tan clara como si estuvieras en la habitación con la persona que escucha. Esto era difícil con las tecnologías anteriores, pues los medios y los recursos eran limitados, los mensajes se escuchaban fríos y horribles y no era posible imaginar la reacción de las personas al otro lado de la línea, hoy día es más fácil y por consiguiente enviar una expresión de sentimiento de cariño y amistad al radio escucha.

Los hombres de ciencia nos dicen ahora que cada una de las personas sobre la tierra es en realidad un trasmisor de radio y también un receptor, que ciertas células de nuestro cuerpo y otras del cerebro son estaciones transmisoras, mientras las hay también receptoras. Nosotros pensamos e irradiamos, ciertas vibraciones mentales definidas y el resultado es que estos impulsos son ondas que llegan al cuerpo y al pensamiento de las personas, animales o cosas a quienes las dirigimos.

A medida que nosotros llegamos a tener un conocimiento mayor en las experiencias de la vida y los poderes brillantes de la mente, ya lo anterior no nos parece nada extraño pues sin duda alguna sucede porque hay una sola mente, un médium común a todas las personas, una mente universal creadora que cada uno usa y un pensamiento o movimiento en el punto en que la mente está realmente activa en todos los campos, "Es por lo que hay una mente común a todos los individuos".

Los pensamientos son reales, nosotros podemos generarlos y transmitirlos a otros; también podemos observar de qué modo nuestro cuerpo, nuestros asuntos alrededor y las otras personas responden a nuestro pensamiento; y éste es el reflejo hacia nosotros en el medio, es hecho para nosotros como creemos o como usamos la mente; no solamente esto es verdad con nuestro cuerpo, nuestros asuntos y el de las otras personas, sino que es verdad con toda la vida.

Tú mascota responde a tu pensamiento y a tus sentimientos, así, cuando lo odias, responde muy diferente que cuando lo amas, incluso las plantas responden a nuestros pensamientos a cerca de ellas. Muy reciente algunos hombres de ciencia han estado cabales ocupándose en muy interesantes experimentos con las plantas, se ha llegado a percibir que una parcela cultivada con mucho amor y esmero es más productiva que una parcela que no recibe el calor y cariño de su dueño.

Esto puede parecer fantástico, pero la persona que ama su jardín y sus plantas tiene una experiencia muy diferente con esos seres que se desarrollan y crecen, que la persona que las odia, o es indiferente con ellas, de donde se obtuvo el refrán que una persona tiene buena mano; tú puedes incluso conocer alguna persona que goza de esa reputación, pero eso es simplemente decir que las planta responden al amor que se les brinda y se les expresa. Esto parece ser loco, pero el pensamiento irradia una fuerza ilimitada y natural sobre las personas y sobre las cosas.

Nuestros cuerpos responden al amor

Sabemos que nuestros cuerpos responden a la motivación, al amor y a la estimación, una persona que vivió ciento dos años sufrió un ataque al corazón a la edad de los setenta años, y los doctores le dijeron que su corazón estaba agotado y por lo tanto le dieron un tiempo de seis meses de vida. Este conociendo el poder del amor, comenzó a conversar con su corazón, a expresarle su amor y a estimularlo, diciéndole lo importante que era para él y para su salud; también le reconocía los esfuerzos a los que lo había sometido y cuánto había abusado de su capacidad de trabajo, le prometió que de ahora en adelante sería más cuidadoso y consecuente con él; además... Lo encaró con pensamiento autoritario y serio, !le dijo! Que si no se recuperaba y sanaba en buena forma, entonces morirían ambos, lo que en ese momento no era recomendado y pertinente para los dos; que la situación económica no estaba para darse esos lujos de costease un entierro tan prematuro, por lo que le pedía pensar con sangre fría y ser más condescendiente y sensato en considerar la posibilidad de una restauración, la más inmediata posible y sin pérdida de tiempo.

Estas charlas llenas con ese complemento de fe, energía y amor surtieron efecto en el órgano aludido, quien reacciono con entereza y prontitud, nuestro personaje se recuperó en el tiempo prudente, siguió siendo valorado clínicamente y vemos que duró muchos años más.

Todas las cosas reaccionan según pienses acerca de ellas, pues todo es vivo, tus negocios responden hacia ti, porque también ellos están vivos lo mismo que tú cuerpo, las personas, los animales y las plantas; todo es gobernado por la mente. Tú sabes que puedes elegir tus pensamientos, pero de que puedes crear y recrear tus experiencias por medio de tu pensamiento, quizás no se te ha ocurrido nunca. El pensamiento es energía en movimiento, tiene el poder de transformar nuestro carácter a la medida que contemplamos, expresamos o evidenciamos aquello.

Una joven dama que trabaja como taquillera de una línea de buses, llegaba a su casa cansada y estresada por la ira que le causaba el estar durante el día, respondiendo a preguntas tontas y ridículas, para ella, que le formulaban las personas a quienes atendía. Con el tiempo reaccionó y adoptó un cambio de actitud respecto al pensamiento que tenía de las personas que en cierto modo eran su sustento y medio de vida, empezó a recibirlos como amigos y escucharlos con atención e interés, a contestar afablemente a sus preguntas y a sonreír con sus comentarios, así fueran ridículos, buenos o malos y el cambio surtió efecto.

El primer día, regresó a su casa sin cansancio, sin estrés y dispuesta a tener una velada agradable con su familia, encontró que las personas a quien atendía eran mucho más agradables que de ordinario, se dio cuenta que amaba a su gente, amaba su trabajo y se amaba mucho más a ella misma. Nuestro pensamiento y amor, nuestros motivos y nuestra confianza son todos estados mentales; la mente es el gran principio creador de la vida y es tuya para usarla consciente; por medio de tu estado de la mente o tu estado de fe, puedes crear para ti mismo cualquier cosa que elijas crear.

Quizá no te guste lo que estas experimentando ahora en tu cuerpo, con otras personas, o en tus asuntos. Entonces cambia tu mente, tu estado de fe, tus actitudes y tendrás diferentes experiencias. La mente está dotada de poder para discernir entre lo bueno y lo malo; no decide por impulso, sino por el peso de la evidencia, comparando cuidadosa los sucesos.

¿Qué es una plegaria científica?

Si un estado de fe equivocado ha traído infelices resultados, entonces el sentido común dice que un estado de fe recto traerá resultados felices. El tratamiento mental o plegaria científica es el cambio consciente de tu mente, cambiando tu fe negativa a positiva. Un pensamiento diferente aquí, hace que suceda algo diferente allí, porque la misma mente está operando aquí. El cambio puede ser notado en tu cuerpo en tus relaciones humanas o en tus asuntos. Cambia tu mente donde estas y obtendrás un resultado diferente.

Como un ser adulto que eres, tienes el poder de elección consciente, es decir, que puedes elegir consciente tus estados mentales, tus estados de fe; es un hecho real que puedes en verdad forjar y dirigir tu destino, por medio del uso consciente de la mente puedes rehacer y recrear tu mundo. La neo corteza cerebral es la última porción del cerebro humano en desarrollarse. Su madurez se alcanza a los veinticinco años; y entre sus funciones está la de proporcionar la capacidad de discernir, discriminar, seleccionar y decidir con pleno conocimiento de causa toda situación, previamente analizada.

Los animales o vegetales no pueden hacer esto, pues ellos no piensan conscientes, sino que viven por instinto aun cuando usan la mente, pero los humanos somos considerados, la más alta personalización de la vida, tienen el poder consciente de pensar y de elegir lo que quieren pensar; como David escribió en el Salmo Octavo, tienes el dominio sobre los pájaros del aire, el pez del agua y las bestias del campo. En realidad, todas las cosas están bajo tus pies. Conforme a la extensión con que uses la mente consciente, tendrás domino sobre tu mundo.

La mente es el gran instrumento creador de toda vida; puedes o no usarla para tu mayor bien, ¡eso depende por completo de ti!

Preparación para el tratamiento mental: Tus creencias sobre ti, tus semejantes, Dios, la ley y la continuidad de la vida, no solo influyen en todo lo que has hecho, quieres o puedes hacer, sino también lo que te es hecho, sea lo que conozcas o no; el patrón completo de la vida, todo lo que sientes, dices y haces, toda experiencia de salud corporal, de relaciones económicas y humanas, está en efecto gobernado por lo que crees acerca de esos fundamentos principales.

Las personas reaccionan contigo conforme al modo en que piensas y obras hacia ellas, o sea tus pensamientos acerca de él y tu actitud general hacia la vida. "En efecto, todas las cosas vivientes, los animales e incluso las plantas, reaccionan conforme a tu concepto de ellos"; tu familia, amigos, socios en los negocios, los clientes, e incluso las personas que te rodean, reflejan tus actitudes, pensamientos, creencias dominantes y profundas; este es un conocimiento común. Un cambio de actitud trae un cambio de experiencia y sabiendo que esto es verdad, si a ti no te gusta lo que estás experimentando, es solamente una cosa de sentido común el cambiar tú estado de fe, tu atención y tus actitudes.

Debes amar lo que es necesario que ames por el camino recto, debes usar la imaginación de modo constructivo; el cambiar la mente consciente con el propósito de tener un resultado diferente es un tratamiento mental; sin embargo, para dar un tratamiento efectivo, ya sea físico o mental, es necesaria alguna preparación; en el tratamiento mental nosotros llamamos a esta preparación, meditación.

¿Qué es la meditación?

La meditación es la laboriosa preparación de la mente; ella es la base para un procedimiento mental; por medio de ella, puedes llegar a una creencia, una convicción, de que puedes dar un tratamiento efectivo. Por medio de la meditación llegas a un estado de fe positiva acerca de ti y los otros, Dios, los poderes creadores y etéreos de la mente y el mundo. Trabajas con tus pensamientos hasta que remueves el resentimiento, resistencia, ansiedad, pena y odio; luego estableces amor, paz interior, confianza y una fe firme en la correspondencia de la vida.

La meditación es la limpieza, clarificación y purificación de tus sentimientos en una forma tan completa, que puedes ver un mundo bueno y las personas dentro de él como un todo básicamente buenos. Es el camino para darse cuenta de que el bien existe en toda situación y circunstancia y que puede ser tomado de cada hora del día. Durante la meditación, llegas a darte cuenta o comprender que tú mismo no eres otro que la vida infinita de Dios que es toda buena.

Llegas por comprender que la bondad y la verdad no son solamente la realidad de ti, sino de toda la vida que te rodea; pero, contrario a lo que piensan algunas personas, *la meditación* y el ***tratamiento mental*** NO SON LA MISMA COSA. *La meditación* crea el estado para un *tratamiento mental*; mientras que el *tratamiento mismo* dirige los poderes creadores en la acción específica para producir el resultado apetecido.

La importancia de la meditación

Con seguridad tendrás dificultades para llegar a un estado mental en el que creas que tendrás ciertos resultados buenos, si al mismo tiempo te crees un pecador, o sea que estas convencido que eres realmente malo. Si sientes culpabilidad, es inevitable que pensarás que los resultados infelices están obligados a venir sobre ti; crees que los mereces y con estas creencias no recibirás el bien deseado; por esta razón, tienes que formarte un nuevo concepto; tienes que llegar a esta creencia por medio de la meditación tranquila en la cual analices los motivos interiores y exteriores. Así llegarás a ver lo que realmente eres, un humano haciendo de Dios; satura tu mente con esta verdad básica acerca de ti.

Hemos dedicado muchas páginas al perdón, para llegar a la comprensión de que nuestras experiencias pasadas no son en realidad nocivas o malas; estas experiencias han sido lecciones de las cuales nosotros podemos sacar mucho bien. Nos han enseñado acerca de la vida, de su responsabilidad y acerca de nuestros propios poderes.

Si tú crees que eres inferior a otras personas, si te sientes rechazado, creyendo que los demás te hacen oposición, si crees que el mundo está fundamentalmente en tu contra, entonces, por supuesto, es necesario que limpies tu mente de estas creencias negativas antes de que puedas esperar que el bien se manifieste para ti.

Sólo después que tengas limpia la mente, que hayas sanado, por así decirlo, es cuando podrás aplicar el tratamiento mental, la plegaria científica y hacerlo efectivo; pero si no has limpiado tu mente de pensamientos, creencias, actitudes y motivos negativos, quieres es muy probable, aunque de modo inconsciente, obrar, reaccionar o incluso interceder por lo que no quieres, debido a que tu temor creará automático esa clase de imagen mental.

No puedes creer que la vida te dará buenos resultados a menos que creas que tienes el derecho a ellos. No es probable que puedas usar tu mente para estar bueno si al mismo tiempo crees que debes ser castigado con la enfermedad. Algunas personas, debido a la mala comprensión, creen y dicen que Dios no atenderá sus plegarias o que él no quiere que sean felices; pero esto va directamente atrás al estado de fe dominante del individuo, o sea a sus temores, sus sentimientos de culpabilidad, de inferioridad.

La meditación consiste en el relajamiento, comprensión y perdón; por sí misma no es creadora, ella da únicamente la atmósfera mental en la cual tiene lugar la creación. En la extensión en que tú controles los estados mentales, puedes aplicar un tratamiento mental efectivo que cambie tu mente y la deje transformada. Deja este tratamiento penetrar profundo en tu conciencia. Pues no es muy fácil, sino realmente imposible, que cambies tu mente y que ella permanezca cambiada a menos que quede limpia, en paz y libre de tensión y violencia; la libertad, confianza y paz de la mente es el secreto.

En la meditación, tú eliminas el odio, ansiedad, pena y resentimiento y los substituyes por amor. El temor es eliminado por fe positiva. Con la meditación ejercitas tu derecho de elección consciente. "ESTE PODER DE ELEGIR Y DECIDIR ES PROBABLE, QUE ES EL MAYOR PODER QUE DIOS TE HA DADO. EL PODER DE ELEGIR LO QUE CREES ACERCA DE TI Y DE LOS DEMAS, DE ELEGIR LO QUE QUIERAS AMAR, ASÍ COMO LOS PLANES QUE ACEPTAS EN TU IMAGINACIÓN, ES TU PODER DE CREAR TU CIELO O TU INFIERNO".

CAPÍTULO Nº 6

El poder mágico de la imaginación creadora

Tener la facultad de crear cuadros, modelos y planes en la mente y la vida corresponde a ello, fluye en la experiencia para ti sobre esos planes y modelos. Esta facultad de crear imágenes se llama imaginación. Todo el mundo tiene esta facultad y la usa, ya sea para formular planes de lo que quiere o de lo que no quiere.

Las imágenes mentales que contemplas y aceptas, son los planes que das a la vida, los cuales son dirigidos y controlados por tú fe.

La fe es una convicción mental, es eso de lo cual no estás convencido que es verdad para ti, o que estás seguro de que en ningún momento te sucederá, y eso que consciente o inconsciente crees que es verdad, lo que crees que es efectivo y sucederá, determinará el tipo de cuadro o plan que tú creas en la mente. La vida se convierte en acción determinante sobre ese plan. La imaginación es la selección de ingeniería de tu mente, es tú departamento competente para hacer planes.

Has un plan para ti: Si la vida ha de entrar en la experiencia que deseas, tienes primero que hacer un plan y luego atenerte firme al mismo. El plan o representación debe ser vivido, claro y preciso y cuando te comprometas a ese patrón con fe invariable, se convertirá el mismo con el tiempo en una forma, sin embargo, si después de hacer una representación de lo que deseas, superpones luego la representación o modelo de no tener lo que deseas o de no ser la clase de persona que te gustaría ser, fracasarás en la demostración de lo que quieres.

Cuando Jesús dijo, "Cree que tienes y recibirás", yo creo que Él quiso decir que nosotros debemos hacer una vívida imagen mental de lo que deseamos y luego debemos aferrarnos al sentimiento de tenerlo. Cuando sostenemos un sentimiento interno, una convicción de tener, la mente siendo una ley de vida, comienza a poner todo lo necesario para la realización de tal deseo. Por medio de nuestra imaginación se cumplen nuestros deseos.

Cuando imaginas que eres un éxito, y de verdad sientes que lo eres, es indudable que triunfas, pues la vida te mueve automático en esa dirección. Si vives con fe y con sentimiento de salud, ningún poder de la tierra te apartará de estar bueno. La mente de la vida es siempre un canal cubierto para hacer evidente cualquier cosa que crees que tienes y todo lo que sabes que eres.

La construcción de una imagen consciente es imaginación creadora. Cuando te aferras persistente a una vívida imagen mental, todas las fuerzas de tu ser confluyen automáticas para la realización y ejecución de lo que te ves siendo, teniendo y haciendo. La facultad de la imaginación, lo mismo que cualquier otra facultad natural, puede ser dirigida. Ella no puede ser expresión reprimida o rechazada, pero sí puede y debe ser dirigida hacia las experiencias que deseamos. Recordemos que la imaginación es una facultad creadora. Ella es poderosa. Nosotros nos movemos autómatas en la dirección de lo que imaginamos, por lo cual debemos ser cuidadosos con lo que imaginamos, para nosotros y para los demás.

Supongamos que tienes que preparar un discurso para una reunión numerosa de personas. Si imaginas, como tartamudeas, balbuceas y haces un espectáculo de ti por no estar preparado, es posible que no tengas éxito. Quizá digas: "yo no puedo hablar con todas esas personas mirándome". Es seguro que mi presentación personal está correcta, pero la de la exposición temática no es la indicada; en este caso has construido, por supuesto, un temor horrible, nervioso en tu imaginación, has creado la clase de representación errónea, has hecho un plan completo y falso de la posible realidad.

Habrá poca diferencia, entre cómo te conduzcas o como puedas afirmar para ti, "yo quiero hacer ese discurso a pesar de todo", ¡fracasarás! Incluso puedes ponerte enfermo a causa del conflicto mental.

Supongamos, sin embargo, que te dices, "cualquiera que pueda hablar a una persona, puede presentarse y hablar a cientos o miles de personas, estas son todas mis amigas o de lo contrario no estarían aquí, están interesadas en el mensaje que les voy a transmitir, no están por mí, están porque creen que sé lo que ellos desean escuchar". "Estoy bien preparado, he dedicado mucho tiempo al mismo y por supuesto, sé más acerca del tema que ninguno de los que están aquí. Lo que tengo que decir les será útil, estoy aquí para servir y creo que seré capaz de explicar el tema tan claro que estas personas lo verán como yo lo veo". Ahora, si usas la imaginación en este sentido no serás desbastado por el temor, tendrás confianza y dictarás una buena conferencia, has construido un cuadro positivo en tu imaginación.

El señor Coué, enseñó a las personas a decirse a sí mismas, "cada día y en cada forma yo estoy logrando ser mejor y mejor", cuando te dices eso una y otra vez a ti mismo, la imaginación hace énfasis sobre ello y en forma automática te haces mejor y cada vez mejor.

Aún dio Coué otra ilustración más efectiva del poder de la imaginación cuando dijo que si una tabla de un píe de ancho era puesta sobre el suelo, ninguna persona normal vacilaría en pasar sobre ella confiada en cualquier longitud; pero si suponemos la misma plancha suspendida diez pisos de alto a través de la calle de un edificio a otro, el asunto sería bastante deferente, pues pocas personas se atreverían a pasar por encima de ella; en su imaginación se representaría la imagen de la fatal caída.

A tal altura la mayoría de las personas sentiría el vértigo, perderían su sentido del equilibrio, incluso pensando en él. Sin embargo, es la misma tabla y el mismo ancho, pero está a cien pies más alto y la imaginación hace su obra. Usas esta manera de hacer planos en el departamento de elaboración de planes estratégicos de la mente en todas las actividades creadoras, por ejemplo, puedes desear romper un viejo hábito y aprender uno nuevo; esto lo haces mejor a través del uso de la imaginación.

Una persona quiso dejar de fumar, él decía que podía dejar de hacerlo cuando lo creyera oportuno, pero no dejó de fumar; un día se hizo un planteamiento de las ventajas en salud, sociales y económicas que tendría si dejaba el hábito de fumar y decidió que quería disfrutar de esos beneficios, se imaginó todos los buenos resultados a obtener, se vio con muy buena salud, sin aislamiento de la sociedad y con dinero ahorrado y cuando esta nueva representación quedó firme y grabada en su imaginación, todas las partes de su ser fueron dirigidas hacia una demostración de capacidad conforme a ese nuevo propósito e inconsciente dejó el hábito de fumar.

No te esfuerces, imagina calmado

En el pasado las personas han adorado el relicario de la voluntad. ¡Han tratado de desarrollar que el querer es poder! Han creído que el poder de la voluntad estaba ligado de algún modo con lo que ellos querían de la vida. A veces, algunas personas han creído inclusive que carecían del poder de la voluntad y esto los desanimaba. En nuestros días, la moderna ciencia mental no comparte esa creencia sobre ser carentes del poder de la voluntad.

En efecto, es ahora frecuente y aceptado que no hay nada igual a la facultad de la "La voluntad". Lo que designábamos antes como el poder de la voluntad, consiste escueto en el hecho de forzarse para hacer lo que no se desea, a hacer algo contrario a sus deseos emocionales. O por el contrario imponer toda la energía y templanza en realizar lo que desea y tiene la convicción que es bueno para él, para todos sus semejantes y el medio que los rodea.

Concluimos que la mente tiene la facultad creadora de la imaginación y ésta, es considerada ahora como la facultad creadora de la voluntad, la que está considerada como el engranaje de la maquinaria que mueve la conducta total de los seres en la carrera por la vida.

Conocemos personas que parecen hacer las cosas sin ningún interés y esfuerzo, no sienten el deseo ferviente de conducirse a sí mismas. Consideran y están convencidos que todo trabaja obligado para ellos.

Dan la impresión de estar ocupados la mayor parte del tiempo, pero no muestran ningún especial esfuerzo. Esto es debido a que ellas quieren hacer lo que están haciendo, no se esfuerzan a sí mismos, ni se tienen compasión y estima. En su imaginación ven los buenos resultados de sus actos y viven anticipados a éstos, es ella la que dirige sus esfuerzos y no hay conflicto entre lo que desean hacer y lo que creen que debían hacer.

Así mismo hay personas que están siempre atareadas, con prisa, disputando, queriendo una cosa u otra. Estas personas se lanzan de la cama en la mañana y se apresuran todo el día, forzando sus mentes a pensar y sus cuerpos a trabajar y cuando llega la noche, dicen, "yo he realizado muy poco hoy, he ido de aquí y allá apresurando y esforzando, estoy cansado de impulsar y espolear, todo para nada".

Estas personas usan una enorme cantidad de energías y al mismo tiempo se desvían de sí mismos, pues a través de su imaginación no se han conducido por un camino fácil, confortable, agradable y armónico, ni se han imaginado claramente el valor de evitar sus descoordinados esfuerzos. Si en la imaginación viviera la ejecución de tus deseos, entonces te moverías hacia adelante con entusiasmo y con poca pérdida de energía.

Si has concluido el trabajo del día y decides ir a casa; no es necesario que te esfuerces a tomar el abrigo y el sombrero, el chaleco y el saco o la cartera, los zapatos y el chal y te encamines hacia el garaje, tomes el auto y te dirijas a casa. Si quieres imaginarte con entusiasmo que estás en casa con todo el confort y luego te decides a ello, inconsciente harás todo lo necesario para llegar a esa placentera experiencia. La mente subconsciente, la parte de la mente garante y creadora, toma preponderancia cuando imaginas el resultado de lo que piensas y cuando estás animado con entusiasmo a realizarlo.

No hagas imágenes mentales de lo que no quieres hacer

Desafortunadas muchas personas que se imaginan con enfermedad, fracaso o infelicidad y hasta las hay que se entusiasman con sus enfermedades, sus preocupaciones y sus problemas, creyendo que la infelicidad, la frustración y la desgracia constituyen su estado normal de vida. Con ese entusiasmo en la descripción de sus problemas, estas personas se ligan más fuerte a las dificultades. Por el contrario, si fueran entusiastas acerca de la salud, éxito y prácticas, como lo son con sus preocupaciones, pérdidas, enfermedades y fracasos, tendrían muy diferentes experiencias.

Una persona que llegó a ser presidente de uno de los bancos más grande y prestigioso de un país, que no tenía influencias que lo apalancaran y le brindaran el apoyo de gestión en el ascenso laboral; desde el momento que entró como empleado del banco, se imaginó a sí mismo como su presidente. De este modo, se propuso con su meta y cuando esperaba a los clientes en la ventanilla, se imaginaba haciendo esta labor como si fuera el presidente del banco. Cualquiera que fuera su tarea diaria, siempre se consideraba como el presidente haciendo ese trabajo.

Con dedicación y esmero estudió hasta altas horas de la noche, se preparó, obtuvo los títulos propuestos y mantuvo la imaginación puesta en la silla del presidente y con el tiempo muy pronto, en efecto, ocupó esa silla. No era una persona impetuosa, no atrajo a las personas hacia sus aspiraciones ni molestó a nadie, sino que simplemente uso su imaginación creadora de un modo positivo adaptándose a la posición, imaginándose a sí mismo en la alta posición, hizo que los poderes de la vida fluyeran a través de él hacia esta nueva y mejor experiencia.

Admitamos que la persona en referencia hubiera dicho, "aquí yo soy una pieza de más de este gran banco", cientos de empleados han estado en esta institución durante muchos años. Muchos de ellos están mejor preparados y tienen más experiencia que yo, muchos tienen más empuje, adiestramiento, poseen mayor conocimiento del desarrollo y funcionamiento interno de la entidad, pasarán años antes que yo pueda tener una oportunidad de mejoramiento; otros obtendrán todas las vacantes, yo solo soy un simple y desafortunado empleado.

Si él hubiera aceptado ese cuadro imaginario de derrota, si hubiera proyectado esa representación a través de su imaginación creadora, no habría con certeza tenido una experiencia mayor.

Henry Ford, uno de los hombres más ricos del mundo, dijo, "tú puedes tener algo que te imagines, teniéndolo". Y Jesús dijo, "cree que has logrado una cosa y lo lograrás".

Es necesario que actives tu imaginación y la uses para un buen propósito. Vive en la creencia de poseer ya lo que tu deseas, imagínalo como tuyo ahora, crea para ti la sensación del éxito, de la salud, felicidad, de cualquier cosa que desees y ningún poder sobre la tierra impedirá que ese deseo se realice, será atraído hacia ti y tú hacia él.

Puedes usar tu imaginación para el bien o para el mal
Puedes usar la imaginación para arrastrarte hacia el abismo o para elevarte a las máximas alturas. Si tu imaginación es dirigida por el temor, ansiedad, resentimiento "fe negativa", con toda seguridad que te impedirás el tener esas cosas que quieres y que

en verdad te pertenecen. Si disfrutas de menos bien del que deseas, puedes establecer un nuevo patrón de pensamiento y enderezar la imaginación por medio de una fe indubitable de que todas las cosas te pertenecen lo cual es verdad y sí te aferras firmemente a esta creencia, nada podrá apartar de ti el bien deseado.

Una mujer que nunca sale de su casa. No quiere salir a la calle, ni aún siquiera al patio de su propia casa, porque se imagina todas las cosas horribles que pueden suceder y así, cuando sale se siente de inmediato débil y confusa, esto se llama agorafobia o temor a los espacios vacíos o abiertos. También otras personas sufren claustrofobia o temor por los espacios cerrados. De los hechos: por la casualidad de afrontar las épocas de inseguridad en las grandes ciudades, que influyen directa o indirecta en la estabilidad social y emocional de todos sus habitantes, a esta mujer infeliz la abordó un maleante necesitado y la despojó de sus pertenencias, a la salida de un supermercado, aunque sin violencia, pero si coaccionada por la presencia en mano de un arma blanca, ¡y de qué tamaño! Y con el infortunio de tocarle una persona mal oliente, deshilachada y desgreñada, aspecto que le causó un trauma mayor; diferente hubiera sido sí quién la hubiese abordado fuera un personaje bien presentado, con fino aroma de loción inglesa, modales discretos y ojos azules, "por favor déjeme apropiar de todas sus pertenencias; las obtiene; ¡gracias!", la herida e impresión causado en esta dama aún sería de suspiro y el trauma sería el de tristeza por no haber dominado el pánico del momento, haber reaccionado y haberle ofrecido mucho más; ¡el policía pregunta!: ¿recuerda Ud. el tamaño del cuchillo?, respuesta: no solo sé que tenía unos ojos azulosos como el cielo.

Para ajustar el agravante de las consecuencias de su enfermedad, le tocó afrontar en presencia, otra ocurrencia bochornosa dentro de un bus de pasajeros, un atraco, donde fueron despojados los ocupantes de sus pertenencias; estos grupos, no tienen la fineza de usar un comportamiento suave y palabras cultas, con el brillante poder del convencimiento para realizar el delito con la mayor altura y fluidez oportuna, sin dejar secuelas entre los aludidos; sino que utilizan un terrorismo desmedido frases descomunales y sin sentido lógico, acompañado de una actitud poco convencional, motivo por el cual las personas no les facilitan los objetos por estos requeridos por falta de entendimiento, dejando de percibir la utilidad esperada.

Este suceso aumentó en dosis la enfermedad de quien nos alude en referencia. Le sumamos otro contratiempo que estuvo al portal de hacerle explotar la crisis de nervios crónica y al borde de la muerte, al tener que soportar la premura que es muy común en los conductores de bus y de servicio público, que por hacer cumplimiento de las garantías permisivas que les conceden las leyes naturales y sobrenaturales para disponer del recurso de la guerra del centavo, sucedió que el señor rodaba su vehículo bajando a gran velocidad por las empinadas vías de una ciudad que brilla por la ausencia de áreas planas, con el infortunio que el moderno carro con matrícula de cuarenta años pretéritos, se quedó sin frenos y con todos sus ocupantes aferrados del pelo, rodó, rodó y rodó, hasta que contra un poste de la luz se estrelló. Afortunada, no pasó a consecuencias mayores, solo contusiones, moretones y fracturas, pero causó traumas psicológicos a montones.

Esta señora como secuelas de su experiencia no controla su imaginación, ésta la controla a ella. La mejor forma para vencer el temor que agobia a estas personas, es usar estímulos de acercamiento gradual en la paciente, hasta lograr que se compagine con el medio más próximo exterior y vaya comprendiendo y reconociendo que todos sus temores son producto de su misma experiencia que está grabada en su imaginación y que a toda costa hay que archivar; es una labor dispendiosa que requiere tiempo, paciencia y un apoyo moral de familiares y amigos.

Existen en el mercado objetos sintéticos y artículos animados que se adquieren para ser manipulados por la familia o amigos en presencia y a distancia prudente de la persona que presenta la enfermedad, hasta lograr un acercamiento físico del objeto y mostrar que su miedo es imaginario, claro está que no sobra tomar las precauciones del caso con el manejo real de la desmitificación de algunas fobias. En casos más complicados es importante contratar el acompañamiento de un profesional en la materia, acorde con el diagnóstico médico.

Una niña de ocho años sin razón alguna cuando veía el estiércol de la vaca, sufría una transformación infernal, profería unos gritos espantosos, la respiración y los latidos de su corazón se aumentaban, su cuerpo en temblor entraba y en sus pantaletas se orinaba; era capaz de dar un rodeo de muchos metros cuando detectaba o percibía la presencia de una plasta de este excremento, fresca o seca, era tan intenso el temor de la niña, que cuando por naturaleza uno de estos animales depositaba sus necesidades fisiológicas cerca de la casa o aún por mandato divino del mal encarnado de la coincidencia los depositaba a todo el frente de la puerta y sí, por alguna razón coincidía que a la mencionada infante se le encomendaba una función en la que tuviera que desplazarse fuera de la casa, al encontrarse con este cuadro entraba en desespero y se escondía en el más remoto rincón de la casa y no había poder humano que la hiciera salir del lugar donde se hallaba, hasta no prometerle que el tan horrendo objeto se había recogido y cambiado de lugar. Ella ha dejado que el temor dirija su imaginación.

La familia por intermedio de los hermanos, 9 por cierto, en cabeza de los mayores recogieron cierta cantidad de platos secos de estiércol y frente de su casa empezaron a jugar y a tirárselo el uno al otro, delante de la niña o hacían ruido para que esta presenciara el juego, con los días la niña se acercaba más a los juguetones hermanos y era alcanzada por pedazos pequeños, luego más grandes, hasta que llegó la ocasión que le cayó un plato entero a sus pies, sin causar ninguna reacción en la pequeña, se había familiarizado y llegado a comprender que sus hermanitos podían jugar con este elemento que tanto temor le causaba, hasta que fue capaz de participar en el juego con sus hermanos.

Las fobias: Las fobias, son vivencias de sucesos anteriores, reales o imaginadas, que quedan plasmados en el inconsciente o en el subconsciente de las personas, que con el tiempo se convierten en una enfermedad de paranoia crónica en estas y que puede contagiar a las que viven a su alrededor más próximo, por los efectos directos o indirectos de la autosugestión. Las fobias pueden llegar a someter a sus víctimas a niveles de padecimiento absolutos, increíbles y desastrosos.

La fobia se define como un mecanismo neurótico de defensa por el cual el sujeto es víctima de temores y de angustias sin ningún fundamento. En efecto para los demás, como espectadores, no hay fundamento lógico aparente; pero para el que la sufre la experiencia fóbica no hay nada más real en el mundo.

Toda respuesta orgánica que se genera en cada episodio constituye un monumento recordatorio que para entender y tratar estos fenómenos es un desafío para todo profesional de la salud mental, la conducta humana y la consejería cristiana. Los temas más frecuentes de estas neurosis fóbicas son los dos extremos opuestos: el temor a los espacios vacíos o abiertos conocido como agorafobia y el temor a los espacios cerrados o claustrofobia, igual, las fobias a personas, animales y objetos, como habíamos dicho.

La fobia puede ser consecuencia de una transferencia del sentimiento de descontento, hacia un objeto. El sujeto neurótico cree que evitando el objeto evitará su angustia, la fijación mental proviene en su mayoría de la infancia y puede estar asociada a la pérdida o amenaza de una variedad de sus necesidades básicas fundamentales.

La impronta que deja en la memoria lejana esa impresión se activa con el estímulo de cualquier detonante posterior y se produce el detonante frente al objeto fijado. Lo mismo ocurre con el miedo presente en las personas que tienen la tendencia de mantener encendidas las luces de la casa o de la habitación casi por lo regular cuando están solas o a la hora de dormir.

Las fobias estudiadas y conocidas en el marco de la ciencia médica son más de doscientos noventa, las que detallaremos al final para el conocimiento general.

Otro estado neurótico de algunas personas es el miedo extremo, es un estado psicológico que puede incluso provocar la muerte súbita. Este se origina cuando la mente del enfermo anticipa lo que teme de modo que le sucede lo que imagina sin ninguna razón explicable. En la investigación clínica existen bastantes casos bien documentados al respecto. Citemos el caso grotesco del auxiliar de una universidad al que los estudiantes detestaban. Lo condenaron a una muerte simbólica. Lo hicieron arrodillar de modo que su cabeza descansara sobre un tajadero y le vendaron los ojos. Un estudiante simuló el sonido de un hacha al caer y otro al mismo tiempo golpeó con un trozo de tela caliente y húmeda el cuello del auxiliar, que murió en el acto.

Un joven de quince años que era perseguido por los agentes de la policía, quienes portaban orden de captura contra él, murió de un paro cardiaco fulminante a causa del susto, "El dictamen de medicina Legal fue muerte por desprendimiento del corazón", éste en su desesperada y descontrolada huida saturó su respiración, sufrió alteración de los nervios que le causaron la muerte; jugó durante largo rato con los agentes, al gato y el ratón y su corazón no resistió.

El poder de elección

¿Dos asociados, que habían sido en sus primeros tiempos, muy unidos en sus negocios y fracasaron?

Uno de ellos dejó que la experiencia lo abatiese, imaginándose un fracasado, pensó que otras personas lo consideraban un fracasado y nunca se recuperó de esta creencia, fue todo un fracasado durante el resto de su vida, aferrándose a su pérdida y al fracaso que él creyó, llegó a ser inefectivo y acortó por consiguiente su propia vida. A través de su pensamiento negativo atrajo las malas energías de todas las cosas que él temía.

Su socio perdió igual todo su dinero, pero no perdió el corazón, tampoco perdió su ambición ni la fe, sino que se dijo, "mi negocio fracasó, pero Yo no, haré uso de mi pasada experiencia y crearé otro negocio, aprovecharé la lección de éste y recuperaré mi fortuna" ¡Y, lo logró!; Se vio como un éxito y llegó a serlo. Creó un importante negocio y pudo hacer mucho bien, muchas personas recibieron su ayuda, era un hombre valioso y se hizo en el mundo un lugar mejor en que vivir.

Estas dos personas tuvieron la misma experiencia original de vida, pero reaccionaron de diferente forma, uno usó su imaginación en forma negativa para convertirse en un completo fracasado y el otro usó su imaginación para convertirse en un ejemplo completo de perseverancia, obtuvo éxito con el cual se convirtió en un gran benefactor de la humanidad.

Nosotros usamos siempre el poder de la **imaginación**, sea que la sepamos o no usar correctamente, no podemos ayudarnos en el uso de ella, pero a través de nuestro poder de elección y decisión, si podemos determinar cómo usarla. **La fe** puede ser usada positiva para nuestro mayor bien o negativa como temor y llevarnos a la enfermedad y al fracaso. **El amor**, una emoción básica, puede transformarse en odio, o bien podemos amar la cosa o persona inadecuada y caer en la tribulación, pero usado con el aroma y sentido correcto, el amor es una de las mayores bendiciones.

Como seres conscientes individuales de la vida, nosotros tenemos el **poder de la elección**. Las dos personas de quienes hablamos estaban ambos envueltos por la misma vida, su experiencia original era la misma, pero el uno aceptó su bien y el otro lo rechazó.

La imaginación creadora no es un sueño de vigilia

El soñador no hace un plan que él intente en realidad desarrollar, no lo acepta para sí, él no se incluye en el cuadro, se sienta a un lado, en efecto, dice, "yo lograré la satisfacción en la fantasía, encontraré el placer en el sueño, nadie podrá arrebatar mis sueños", es decir, que el soñador que no empareja sus sueños con la acción, no cree que el bien que desea es factible.

Si se imagina en el medio de ese bien, si en su imaginación cree que lo que tiene y siente que la vida le empujará inevitable en la dirección de sus deseos, éste no es un soñador, sino un creador, un forjador de su propio destino. Si en la imaginación nos forjamos cuadros de cautiverio, seremos cautivos; por medio de planes mentales mal-dirigidos, forjamos las cadenas de esclavitud alrededor de nosotros y vamos a través de la vida como esclavos. No es muy cuerdo hacer esto, cuando podemos elegir nuestro pensamiento y dirigirnos a la meta ideal, manteniendo la imagen modelo persistente en él, en nuestra imaginación.

Importa poco, cuánto tiempo podamos haber estado usando nuestros poderes mentales en sentido incorrecto, podemos empezar de inmediato a conducirnos por el camino correcto. Tampoco importa cuán largo tiempo hayamos subsistido en la oscuridad, cuando la "luz de la razón" se hace, aquella desaparece. Nuestros lazos de restricción y confusión quedarán rotos cuando ya no tengamos planes de limitación en nuestra imaginación. Mentalmente podemos enderezar nuestra fe y crear también nuevos patrones de libertad que nos proporcionen nuevas experiencias. No estamos esclavizados por viejas creencias cuando nos identificamos con la libertad, la abundancia, la salud, el éxito, la paz y la felicidad. Las paredes de nuestra prisión se derrumbarán inconsciente, pues nuestro mundo exterior refleja siempre los estados íntimos de la mente.

CAPÍTULO Nº 7

El amor y la fe influyen en la imaginación

Estás ahora empezando a vislumbrar la magia de tú mente, estás viendo que tú mismo eres el mago que la usas, vez claro que tus pensamientos son mensajes y aprendes que el pensamiento utiliza la mente, la cual es la ley creadora de la vida y puesto que aceptas la premisa de que la mente única o ley creadora existe donde quiera, empieza a ser claro ahora para ti, que tus pensamientos, creencias e imágenes que mantienes como experiencia es tu modo existencial. En efecto, ahora vez de qué modo puedes realmente pensar bien o mal en tu experiencia.

Piensas en imágenes, planes y patrones: Estas imágenes que representan a la vida, están influenciadas, incluso dirigidas, por tu amor, o sea, por el estado emocional y por tu fe. Por esta razón, los planes y representaciones que haces en tu imaginación están por lo general hechos sin tu conocimiento o dirección consciente, pero teniendo el poder de elegir, puedes en forma consciente hacerlos como quieras, si realmente es lo que pretendes.

Si haces un plan, una heliografía, para ti y te adhieres a él persistes y actúas como si fuera una realidad, lo convertirás al final en una experiencia real. La vida no puede rehusarse a entrar en el patrón hecho por un pensador consciente, si ese plan es mantenido constante en la mente. No dejes en ningún momento de usar tú imaginación y no fracases por todos los medios posibles, en usarla constructiva. Pon tú imaginación a trabajar, has mental un plan y dale voluntad y volumen en forma. Procura retener luego en forma viva ese cuadro en la mente, mantenlo con confianza y persiste sin esfuerzo.

No ejerzas opresiones, sino que con toda confianza lleva el plan en la vida con completa fe en la realización. De este modo diriges la ley de la vida, la cual te responderá del mismo modo que responde a la semilla cuando se siembra en el suelo bien abonado y se le da el debido cuidado.

Muchas personas obstinadas forjan inconscientes en su mente cuadros y patrones de lo que no quieren y los mantienen de modo constante. Pero es claro que estos cuadros o representaciones de lo que ellos no quieren, son el resultado de sus creencias negativas y sus estados emocionales también negativos.

Si una persona no se ama apasionada, se cuida y se respeta; si se cree indigna, débil, criatura con faltas, rechazada por la vida, e inconsciente se hace una representación como fracasada, es decir, que si tiene una actitud crítica y no amable consigo, representará tribulaciones persiguiendo sus pasos y cada vez irá hacia adelante aumentando éstas. Pues entonces si la naturaleza de la vida es la de corresponder, no podrá ésta hacer nada, que entregar todo conforme al patrón que se le presenta.

Si has leído la historia de Job en la biblia, Job era un hombre rico, sano, con una bella familia, pero se hizo mórbido; cometió algunos errores serios y se indispuso tanto, que se imaginó perdiendo a su familia, su ganado, sus rebaños y su dinero. En la imaginación se vio solo, abandonado, sin amigos y sin fortuna y eso fue exacto lo que sucedió; perdió su familia, sus bienes, sus amigos y su fortuna y en su adversidad buscando justificar y disculpar su fracaso, llegó a censurar a sus amigos y a Dios; pero esta censura, disparates y desvaríos no remediaron su fracaso.

Su condición no mejoró, hasta que un día llegó a darse cuenta de que por medio del mal uso del infinito poder creador, había traído esas desdichadas y negativas apreciaciones sobre él y entonces al hacer una evaluación introspectiva, expresó aquellas inolvidables palabras, "Lo que yo tanto temía, vino sobre mí". Pronto vio Job, que el mismo poder que lo había llevado al fracaso, si lo usaba de modo constructivo, podía llevarlo al éxito de nuevo y como era un hombre justo, bueno e inteligente, empezó a forjarse cuadros y patrones de vida diferentes en su imaginación.

Cambió su propia actitud, para con sus amigos y para con la vida; incluso llegó a orar por el bien de sus falsos amigos y cuando él cambió su fe negativa a positiva, recuperó pronto su familia, sus bienes y su fortuna. La historia termina diciendo que su familia fue buena y bendecida, duplicó sus vacas, ovejas y camellos, muchos más amigos venían a él que los que habían tenido antes y conquistó una vida feliz. El reconoció el poder creador de la mente cuando dijo, "Debes también ordenar un proyecto o una cosa y ella será creadora para ti", una traducción revisada sería: "Tú decidirás sobre un pensamiento y este será creador para ti".

Tus planes son influidos por tus estados emocionales

Los cuadros o planes de tu imaginación serán necesario influidos por tus actitudes, lo serán por lo que realmente crees acerca de Dios, de ti y de los demás, de la ley de la vida y de la inmortalidad. Si estás dominado por el odio o temor, tus imágenes mentales serán en forma cierta influidas por esos estados emocionales.

Así, sabiendo que tus pensamientos de temor influyen en las imágenes mentales, puedes esforzarte frente a tu temor, en crear un planteamiento de lo que te gustaría ser o hacer y forzándote, puedes en realidad ser capaz de sostener ese planteamiento temporal; pero tan pronto como dejes de forzarte, el temor o la desconfianza tergiversarán en forma involuntaria ese plan y será reemplazado por otro, uno que tú no quieras. El estado dominante de tu mente subconsciente o el modo que sientas en tu corazón controlarán eventual los planes hechos en la imaginación.

Ahora bien, hay un modo fácil de transformar las imágenes negativas en positivas.

Supongamos; que decides tener un interés simpático por otras personas, y que también resuelves amarte, y a las demás sanamente y admitamos todavía que llegas a creer que esas divinas facultades y cualidades están en realidad encarnadas en cada persona, lo conozcan o no y como resultado de ello llegas a una alta estimación de ti y a una distinguida opinión de los demás.

Ves la bondad en ti y en los otros. Imagina que reconoces el amor y la responsabilidad de toda la vida alrededor de tu entorno, y que ves ese amor y a esa bondad disponible para todo ser humano y que así que ves el poder que usa la mente creadora, que te es dado, y que deseas el bien para los demás como para ti mismo.

¿No está claro que si crearás automáticos planteamientos y cuadros con ese nuevo estado de fe? ¿Dominado por un interés sano de amor y estimación, no darás a la vida creadora un plan sano, de abundancia y de paz y no responderá la vida a ese plan?, por supuesto, la vida lo hará, pues ella nunca se rehúsa; ella responde siempre a tu creencia, a tu estado mental. Si tienes un sentimiento de inferioridad y culpabilidad y por esa razón, te desprecias, trazarás cuadros mentales de ti que no son realmente dignos de esa maravillosa persona que eres, la encarnación de la vida humana.

El autor de Eclesiastés escribió: "!Mirad, esto es solamente lo que yo he encontrado, Dios ha hecho al hombre justo, pero los hombres han logrado muchas invenciones. Cuando cambias consciente hacia ti, cuando cambias tus creencias de modo que te ames y aprecies, cambiarán también las representaciones de tu mente y experiencias, recuerda, sin embargo, que no puedes mantener largo tiempo esas nuevas representaciones si las impulsas de modo contrario a la manera de sentir de tu corazón!

La mayoría de las personas se ofuscan constante

Eres un ser con un profundo interés emotivo. Nosotros damos la atención inconsciente a cualquier cosa que amamos, deseamos todo lo que es bueno para quienes amamos; por consiguiente, debemos procurar amar al ser sano y por esta razón tener fe en él; es decir, debemos aprender a amar a los otros y a todo en la vida a fin de que tengamos fe plena, en ésta y en los demás. Tú y yo, debemos dejar partir, los estados mentales negativos, si queremos vivir en la salud y la felicidad con nosotros y con los demás. Tenemos que elevarnos por encima del promedio. La mayoría de las personas se aturden a través de la vida, se trastornan sus cuerpos, con sus conflictos internos y externos que afectan con razón sus relaciones humanas, debido a que no abandonan sus viejas creencias y costumbres negativas.

Es posible substituir el temor por una fe positiva; es viable deponer los viejos males, las antiguas frustraciones y fracasos, para estar interesados en nosotros y en los demás. Así mismo, es también dable remplazar el odio por el amor y puesto que el amor influye en nuestra fe y ésta dirige la imaginación, se comprende fácil lo que Pablo quiso dar a entender cuando dijo que, "El amor es la realización de la ley", la fe que gobierna nuestra imaginación y nuestras reacciones.

Luis Gaviria, Hernán Torres y Merly Álvarez, son el caso entre muchos otros del buen manejo de los instintos y sentimientos que determinan el comportamiento de una persona que aporta toda su fortaleza espiritual, su experiencia en valores, que han sorteado las inclemencias y adversidades que les presenta la vida, han mostrado la valentía y entereza para resistir y superar las adversidades; nunca desmayan, es fiel ejemplo del inmenso poder que el creador derramó sobre la raza humana; ellos acompañaron pacientes, siempre en la sonrisa, con el cariño, el calor y la ternura a sus padres hasta la edad de sus felices noventa y ocho, noventa y seis y ochenta y cuatro años de vida, logrando un tiquete en primera fila y con reserva en el hotel cinco estrellas "El Cielo" con todos los costos pagos desde el lugar de destino, en retribución de sus buenas acciones realizadas durante su corta licencia otorgada para el disfrute y la realización de la gestión encomendada en los confines de la tierra; prueba de ello es el fruto cosechado con inigualables valores que les proporcionó tan merecida despedida.

Estas personas son ungidas con el poder sobrenatural que ilumina la nobleza perpetua, que habita en su inteligencia. Con la misma moralidad estuvieron al lado de sus queridas madres hasta los noventa ochenta y cuatro y cincuenta y cinco años (Noventa, Ochenta y cuatro y Cincuenta y cinco) que ellas solicitaron de permiso al supremo y que años después por solicitud expresa al creador, decidieron reunirse con sus compañeros de travesuras, ilustrados y mal entendidos logros y disfrutes; quienes a nuestra humilde imaginación fueron recibidos con honores estos distinguidos pasajeros que viajaron en el Concord del descanso, con tiquete en primera clase y con destino a la eternidad. Estas personas son un digno ejemplo para que las nuevas generaciones tengan presente que no se pierde el conocimiento, el poder, el dinero o la razón si utilizamos la brillante capacidad que nos fue dada para brindarle comedido calor, ayuda y amor a quien lo necesita, y con mayor razón tratándose de los seres que nos dieron el don de vivir, válgame incluir la nobleza de una excelente hija Diana Marcela Avendaño, claro está sin quebrantar las leyes naturales de fallar por omisión o precaución.

Podemos reponer la fe cambiando nuestros intereses, actitudes y procurando estar con sinceridad interesados en las otras personas, deseando siempre el bien para nosotros y para los demás, mostrando así el interés en el bienestar de estos; llegando a conservar una inmensa y armoniosa alegría, en la expresión afable y contagiosa de todos en el desarrollo ameno de la vida misma. Cuando esta idea llega a estar firme y arraigada en nuestra conciencia, podemos controlarnos y con este control dominar nuestro mundo de experiencias.

El poder de la fe

El poder que cura: Puesto que todos estamos interesados en el saneamiento de todas las condiciones corporales y en restablecer los problemas de salud que aqueja a los seres humanos, es natural preguntar: "¿Cuál es el poder que hace la curación?".

Solo un poder cura

Ningún doctor, psicólogo, psiquiatra o práctico de ciencia mental ha curado desde el punto de vista científico o natural a un paciente que se haya manifestado en su estado consciente y que se niegue a la participación razonable.

El doctor es sabio, honesto y respetuoso en sus conceptos y dirá alguna vez, "Yo he curado un paciente en forma total, contando con su participación consciente"; el doctor es un guía, que usa todos los conocimientos adquiridos y las herramientas universales dispuestas por los modernos adelantos científicos en la ciencia de la medicina en beneficio de la salud de las personas, monitorea la conducta física y mental a través de su historia clínica y en base a esto acusa la obediencia de regímenes objetivos o subjetivos y de recomendaciones prolijas impartidas, dependientes de la evaluación obtenida durante la consulta y la valoración de los exámenes autorizados.

El doctor le hace un diagnóstico, lo guía, lo médica y lo autoriza o lo interviene cuando se requiere de cirugía u otro tipo de tratamiento; pero el poder de la fe tiene una mayor relevancia en la cura y recuperación del paciente.

Ningún psicológico o psiquiatra honesto pretenderá reclamar que él ha curado en forma única y exclusiva de su conocimiento científico a una persona que presenta un cuadro neurótico severo, por sí solo. El en su conocimiento y experiencia, ayuda a evaluar lo que se interpone en el camino de la vida del paciente, impidiéndole actuar normal, luego del diagnóstico, lo recomienda, lo médica y lo insta a que, con su cooperación personal, logren entre ambos llegar a la normalización o cura del problema.

Es por tanto irrelevante y de gran importancia el reconocer en ambos casos su compañía y ayuda profesional y científica, para lograr la estimulación de la vida a moverse a través del paciente como salud, pero ellos no reclamarán para sí que están haciendo la curación total, humildes deben reconocer que sólo hay un poder que cura, ese poder es, "El poder Infinito del Dios omnipotente y creador, de la naturaleza de la vida, de la providencia, de la inteligencia infinita, del amor, sea cual fuere el nombre que le des".

Cuando estamos en estado inconsciencia, como resultado de un suceso o percance fortuito o inesperado, irreflexiva la mente autoriza al subconsciente para que el organismo se relaje, permita y esté disponible para aceptar todos los manejos y tratamientos que se realicen utilizando los medios científicos admisibles para restablecer su estabilidad y funcionamiento; sea que cuando recupere su estado de conciencia lo acepte o no.

Hay personas que por desconocimiento, por obstinación y aun los que por falta de recursos, confunden la fe y el poder infinito de su mente, con el descuido de su salud corporal y no realizan el mantenimiento constante de las partes interiores y exteriores que mantienen en función su cuerpo, es de vital importancia realizar un chequeo médico general siquiera una vez cada año, para podernos conservar sanos física y mental, recordemos siempre "Que no hay mal, que por bien no venga", por tanto "Es mejor prevenir, que curar". Existe en pleno siglo XXI excelente recurso humano, físico y químico farmaceuta en el campo de la ciencia de la medicina, que facilita y posibilita la fluidez en la atención y control de los pacientes, logrando una sociedad armónica, sana física y mental, recurso que debemos aprovechar.

Todo lo que cualquiera puede hacer, sea cual fuere el método que use, es limpiar los obstáculos en la corriente de la vida, liberarla para que se vaya adelante, dirigirla y estimularla en la acción. Son usados muy diferentes métodos para remover los obstáculos que se interponen en el camino de la acción perfecta de la vida y hay muchos medios para estimularla en la actividad, pero el poder de la vida es el único poder curativo. Ese poder creador de la vida que Pablo llamó "Cristo" y Jesús llamó "Padre" y que el psicólogo llama "Mente subconsciente", cura.

Jesús parecía estar muy impresionado con la idea de que una vida infinita, inteligente, poderosa y con un fin definido es la esencia de cada cuerpo y de cada cosa y que ella responde a nuestro uso consciente de la misma. Él llamó a esa vida "Padre" y explicó que el padre está dentro de ti y puesto que ella es tu padre, tu fuente, está interesada en ti, te trajo con algún propósito y te sostiene. Por tanto, responderá a tus necesidades. No hay nada que no pueda hacer por ti. Para utilizar la vida concreta para tus necesidades, es indispensable que reconozcas su existencia como un poder e inteligencia infinitos y que responderá conforme a tu fe, tus concepciones y tu amor.

Para encontrarte contigo, es aconsejable a veces, que vayas a un retiro y que te pongas tranquilo en su sitio, cierres la puerta de todas las distracciones exteriores, reconozcas y trabajes con este poder inteligente subconsciente de tu interior y lo diriges para que responda a tus necesidades. ES IMPORTANTE, QUE CUANDO ORES O MEDITES, IMAGÍNA EL RESULTADO QUE DESEES.

Tu mente con el poder infinito de la vida responderá a tu elección y demanda consciente. Esto es lo más importante que debemos conocer, esto es justo lo que hace el moderno hombre de la ciencia mental cuando da un tratamiento a la mente. La vida es una y la misma, por medio de sus instrumentos o agentes, la mente opera a través de todos; el viento, la tierra, el sol, el árbol, la hierba, el agua, pues todo es vida. Cada órgano del cuerpo ha sido hecho para estar subordinado a la mente. Ella es la capital del cuerpo. La mente controla al hombre entero. Todos nuestros actos, buenos o malos, tienen su origen en ella.

Nosotros vemos la acción de esta vida inteligente y poderosa a nuestro alrededor, pero en el hombre se hace consciente o sabedora del hecho de que ella existe como un individuo, una persona. La vida inteligente opera a través de los reinos animal, mineral y vegetal como instinto o sea la ley de tendencia, la ley del crecimiento.

En el hombre, sin embargo, esta vida de la naturaleza es consciente de sí misma; por esta razón el hombre, como un punto consciente de la vida, puede elegir, decidir y dirigir el principio infinito y poderoso de la vida específica para su propio bien conforme a sus propias necesidades. Este acto mental de decisión y dirección es llamado tratamiento mental o plegaria científica.

El poder de elección nace en cada persona

A través de todos los tiempos, la vida ha creado y desarrollado el sitio donde el individuo con sabiduría personal ha aparecido en la escena. Sabiduría personal significa el poder de elección del individuo en forma consciente, por lo cual el poder de elegir está encarnado dentro de cada persona.

Por esa capacidad de elección y por la gracia que nos confiere el ser inteligentes, instamos a las personas a evitar la cantidad de muertes súbitas que a diario se presentan por la premura de no captar la energía persuasiva que nos advierte de peligros y accionares catastróficos, sucede entre los jóvenes y aún en personas mayores, cobrando el sesenta por cien de pérdidas humanas por accidentes de tránsito en el mundo, inducidos y causados por varios medios pero con el mismo resultado, más de cien mil (Cien mil), por día, tres millones (Tres millones) al mes y un resultado promedio de treinta y seis millones al año (Treinta y seis millones). Causadas por la imprudencia súbita de ocupantes de vehículos, que, motivados por la euforia producida por el alcohol u otro agente alcaloide o alucinógeno, por disputas, rencillas o reclamos, por descuido, o por simple charlatanería, desconcentran o motivan el bloqueo de reacción de quién es el responsable del volante y pierde la capacidad de percibir la señal intuitiva de peligro, permitiendo que la voluntad decida al libre albedrio.

La persona responsable del volante se contagia de las energías eufóricas de sus acompañantes, perdiendo el control de sus actuaciones, permitiéndole acelerar, contrario a moderar la velocidad; a realizar maniobras bruscas, contrario a la cordura; a perder la capacidad de la visión, contrario a inyectarle agudeza; perdiendo por completo la noción de responsabilidad que le compete, pues en sus manos está encomendada la integridad de todos sus compañeros de viaje que por las diversas formas manifiestas están desbordantes de alegría y felicidad, no previendo que durante el trayecto están expuestos a obstáculos móviles o estacionarios que no tienen la capacidad de captar el peligro que se les avecina, debido a la condición natural de inercia y de inmovilidad, para tomar la determinación de ceder y dejar libre el camino para el paso de estas inconscientes personas y evitar el accidente; como no es posible que una idea cósmica de esta proporción se llegue a realizar por orden perceptiva de nuestro inconsciente; sucede el hecho insólito que tiene que suceder; es el destino final de vehículos o motos que acostumbran frenar su alta velocidad estrellándose súbito contra gruesos muros de contención de concreto o piedra, separadores, postes, arboles u objetos que han estado por mucho tiempo en el sitio y dormitan desprevenidos y confiados sin imaginar que serán sacados del letargo por intrusos fortuitos.

Claro está que es descabellado pensar que en pleno siglo XXI con los avances tecnológicos implementados, se adopte por conservar la modalidad de frenado de la edad de piedra.

Volviendo al caso, estas personas siempre quedan convertidas en papilla con reconocimiento certificado para fabricar salchichas o hamburguesas, logran quedar tan desintegradas por el impacto que San Pedro tiene que hacer uso del recurso que le otorga la ciencia del reconocimiento por ADN para poder asentarlos en el registro de nuevos moradores no solícitos en el recinto del creador, estas personas son verdaderos ejemplos de obediencia, se reportan anticipados, cumpliendo con el refrán, "Al que madruga Dios le ayuda". No es muy usual que alguien de estos grupos logre superar el tránsito por el túnel de la vida y si lo logra no conserva la capacidad para documentar un relato detallado de su insólita experiencia.

Es también muy usual en parejas que acostumbran utilizar el ambiente calmo, acogedor y cerrado que brindan los vehículos, sumado al vaivén arrullador, con el ambiente húmedo de un fuerte y tempestuoso aguacero y con el sugestivo espacio que brinda la calmada tranquilidad de un congestionado tráfico; para entablar las amenas y acaloradas discusiones y reclamaciones, que por lo regular suelen ser tan acaloradas que se alteran los ánimos a tal grado que se pierde la noción de la acción que se realiza, bloqueando la capacidad de reacción a los reflejos; despertando del letargo causado por los altercados, con dirección al precipicio, debajo de un enorme camión o incluso contra uno de los elementos antes mencionados que tienen su lugar de residencia en la vía, restringiéndoles el paso por su propiedad sin pagar el peaje establecido por la ley a que tienen derecho.

Estas personas iluminadas de incredulidad llegan solícitas de la reserva a la habitación que les está asignada en el reino de los cielos, con la posibilidad que puede tornarse remota y poco probable por ser el hotel más concurrido y visitado de todo el universo etéreo, claro está que se puede contar con la suerte de aparecer en los registros con una hoja de vida intachable de los concurrentes y sea considerado su acceso con la aprobación del supremo administrador San Pedro.

El individuo que usa la mente consciente puede ahora hacer elecciones conscientes y dirigir la ley de la vida por sí mismo. Puede usar el único poder que hay, el poder del Creador y ese poder es infinito, el poder que te fue dado está dirigido por la inteligencia de Dios, la cual no es solamente la inteligencia del universo, sino la inteligencia dentro de ti. "Es tu inteligencia".

Diriges el dominio de la naturaleza o el poder de Dios por medio de los estados de tu mente, por la imaginación. Cuando conoces y aceptas este juicio con propiedad, has descubierto el poder de curar, el imperio del crecimiento, el dominio de la evolución y puedes consciente tomar posesión de esta autoridad. Como un ser humano que eres, un punto consciente de la vida, eliges lo que esa potestad hará por ti. El poder de creer es dado al hombre y de acuerdo con su fe la vida opera por él. ¿No es maravilloso que el hombre tenga voluntad libre, que pueda elegir sus creencias?

La juventud por el poder regular de hacer valer su estado de arrogancia e impetuosidad, dejan derramar esa energía, no utilizada por la falta de recursos deportivos, de cordura, de entretención, del conocimiento o por alguna otra razón o circunstancia, de carácter interno o externo; en realizar juegos extremos percibidos de alto riesgo con resultados desastrosos; haciendo caso omiso a la voz de la conciencia que desde su interior le advierte del inminente peligro.

Estos desde las tinieblas más lejanas y profundas del cosmos sobrenatural definen la razón de su prematura estadía y no llegan a comprender el porqué, claman por sus seres queridos sin escuchar respuesta, creen injusta la calificación y el trato específico en gratificación a su actuación; buscan por todos los medios el resarcir su comportamiento y tratan por todos los medios lograr obtener el boleto de regreso, pero en todas las taquillas les es vedado, leen: "Agotado", "No existe".

Desdichadas, la mayoría de las personas no comprenden esto. No pueden ver cómo es posible elegir conscientes la creencia a sus estados de fe; consecuentes ellas viven en grado muy amplio al nivel del animal o vegetal sin dar a los poderes de la vida dirección consciente. Creen en el fracaso, la debilidad, la infelicidad y en el revés y a causa de su creencia, tienen la experiencia media del género humano.

Es un simple asunto de elección la imagen que formas en tu imaginación, "el departamento de ingeniería de la mente", así como el aferrarte luego persistente a esa nueva imagen. Sí haces esto, la vida te llevará adelante hacia un resultado objetivo. Pero a menos que dirijas la mente de un modo consciente, la vida te traerá los resultados de acuerdo con tu pensamiento inconsciente.

La mayor parte de las personas que habitan el planeta aceptan inconscientes lo que otras personas piensan, lo que creen, por esta razón la mayor parte de los individuos cree en la limitación, el trastorno y el fracaso. Ellas aceptan esos estados como normales, pero puedes elegir y tener fe positiva más bien que negativa. Consigues si prefieres el dominio propio y tus asuntos, cuando llegues, a ser sabedor de este punto profundo de dirección que está dentro de ti, ese punto desde el cual eliges lo que has de pensar y sentir.

¿Qué es un tratamiento mental o espiritual?

El tratamiento mental o espiritual consiste en la elección de ideas, conceptos, imágenes y planes que deseas realizar. La idea o concepto es la forma mental y tienes capacidad ilimitada para formar conceptos e imágenes mentales. El tratamiento mental es un simple cambio de ideas, eliminando aquellas que no quieras, substituyéndolas por las que quieres. La plegaria científica es la elección consciente de un axiomático estado mental para obtener un resultado definido y luego mantener ese estado de la mente. Un tratamiento espiritual es un acto mental definido con un propósito determinado. Es la dirección de la mente en forma específica para obtener un resultado también específico. El tratamiento mental es el aumento de tus conceptos. Por ejemplo, puedes aumentar una idea de diez mil pesos a cien mil pesos, la vedad está ahí, ella existe. No solamente existen mil pesos, sino que también un millón de pesos.

¿Cuánto puedes creer? ¿Qué es lo que puedes aceptar? ¿Qué puedes realmente concebir para ti mismo?

La posibilidad de un cuerpo o un negocio perfectos, un entorno feliz y perfecto, existe, pero que sólo lograrás acorde a tu fe, conforme a la idea o concepto que tengas sobre ti como persona. Deberíamos estar muy interesados en el conocimiento del tratamiento espiritual, puesto que queremos controlar nuestros asuntos y sobresalir del promedio de una sociedad establecida. No hay ninguna razón real por la cual debamos ser débiles, fracasados o tener pena por el deseo de superación.

En el siguiente capítulo veremos el olvido y el aflojamiento de los viejos estados mentales negativos, de suerte que nuevos patrones pueden ser proyectados y fácilmente sostenidos, "*La mente es el poder que moldea y hace*". Para ser felices y eficientes en el uso de la mente, es necesario remover los viejos estados de temor, odio, criticismo, resentimiento o resistencia; todo pensamiento, creencia, idea o sentimiento negativo que influyen el uso de la mente de modo erróneo. El amor y la fe dirigen continuo las fuerzas creadoras por el camino recto, por el camino del bien, por el camino de las buenas acciones.

En verdad, "COMO EL HOMBRE SIENTE EN SU CORAZÓN, ASÍ ES ÉL".

CAPÍTULO Nº 8

Como usar la mente para conservar la salud física

Entre la mente y el cuerpo existe una relación infinita, misteriosa y maravillosa, la primera influye en forma sobre natural sobre la última, pero de forma natural esta influye sobre la primera. Mantener el cuerpo en condición de buena salud para que desarrolle su fuerza, para que cada parte de la maquinaria natural humana viviente pueda obrar armoniosa, debe ser el propósito esencial para concentrar las investigaciones científicas encaminadas al conocimiento de las funciones, reacciones y comportamientos de la mente.

Un caso clínico real al momento de documentar este escrito, relaciona a Juan, un niño de estado normal, que a la edad de los cinco años fue golpeado de un puntapié por un compañerito, resultado inconsciente de las travesuras infantiles; sufrió conmoción cerebral, estuvo en tratamiento y hospitalizado, fue estabilizado sin detectar trauma severo. Los golpes y las inflamaciones pueden causar serias perturbaciones, tras una conmoción cerebral, una meningitis o una inflamación cerebral, puede pasar mucho tiempo antes de recuperar la capacidad para el trabajo o el juego.

El tejido nervioso no se cura por sí mismo. Las células nerviosas están tan especializadas que no pueden multiplicarse. Por ello la esclerosis múltiple y la poliomielitis, causan invalidez en el enfermo, y los daños en la corteza cerebral dejan tras sí cicatrices que pueden ocasionar epilepsia crónica. El golpe pudo afectar la masa encefálica cerebral y el niño en el tiempo empezó a presentar actitudes y aptitudes inherentes del comportamiento de una persona adulta. Al interior su masa encefálica estaba creciendo, causa de una hemorragia no detectada y su organismo iba desarrollando en paralelo trastornos de salud, hepáticos, musculares y de respiración; empezó a mostrar deterioro en sus riñones, hígado, digestión, respiración y arritmias cardiacas.

Éste niño a la edad de diez años venia perdiendo neuronas y las iba sustituyendo por otras nuevas; debido a su capacidad mental de razonamiento lógico y por reposición natural del organismo, al azar usó las del crecimiento de conocimiento acelerado; fruto de su comportamiento; pero las células muertas dejaron de cumplir las funciones sensitivas y nutritivas a los órganos que tenían a su cuidado, deteriorándolos. Al suceder esto, el cuadro clínico se complicó al estado que se le diagnosticó, "Derrame cerebral"; para el caso de muerte cerebral los médicos recomendaron dos alternativas: Una dejarlo morir en forma natural y Segunda conectarlo y esperar el infinito milagro sobrenatural o el científico tiempo de resistencia del paciente. Su familia decidió la segunda opción, "fue conectado a respiración artificial".

Su madre durante las visitas con la intuición de madre, vio cuando el niño abre sus ojos, mueve su dedo índice y le señala algo; ésta lo comunica al médico; éste le responde lo imposible de la reacción por considerar al paciente muerto en vida, "muerte clínica"; pero la madre con su sexto sentido no se dio por vencida, siguió en observación y realmente el niño estaba **consciente**, solo que transitoria estaban afectadas las neuronas que trasmiten los impulsos a las células del movimiento y los demás sentidos involucrados al momento, pero haciendo uso de su instinto de supervivencia, le señalaba a su madre el agua que reposaba sobre la mesa de noche, indicándole que tenía sed; lo que ésta entendió.

Comunicó lo ocurrido al cuerpo médico y le prestaron más atención. Un médico especialista en pediatría; "de aquellos que brillan por su experiencia en la sabiduría y el conocimiento, que aman su profesión y son ungidos con el DON DIVINO de servir"; recomendó que el niño lo que tenía eran sus pulmones muertos, que tenían que voltearlo boca abajo con intervalos de dos horas para que estos pudieran dilatarse y contraerse con libertad, para poder suministrar el oxígeno suficiente exigido por el cerebro; quitar la respiración artificial y proceder con este tratamiento para conservar la vida del joven paciente.

Así se hizo y el niño que estuvo hospitalizado por un período de dos meses se recuperó; gracias a la intervención oportuna del conocimiento humano y a la capacidad y fortaleza mental del infante para conservar la vida; este continúa con su cuadro clínico, pero está vivo, corriendo y jugando; es el centro de atracción de quienes lo conocen y es el calor de padres, tíos, hermanos y abuelos hasta que el supremo disponga de su vida terrenal. El sistema nervioso no se desmorona, a pesar de esto, cuando falla solo una pequeña parte de él. Las diversas partes pueden sustituirse entre sí, existiendo una enorme capacidad de reserva. Por tanto, la rehabilitación, reentrenamiento de células que todavía funcionan o el adiestramiento de las que sustituyen a las dañadas, es una de las tareas más gratas de la neuro terapia. Las primeras aplicaciones que debemos hacer con el reciente conocimiento de la ciencia mental, es conservarnos física buenos, física y mental, venciendo las enfermedades y estableciendo la salud si estamos enfermos.

Pero en muchas ocasiones las personas asumen comportamientos y expresiones que van en contravía de su naturaleza temperamental, con lo cual se genera una reacción adversa en su interior, que se manifiesta como resistencia inconsciente, que se acumula con la repetición y produce alteraciones en el equilibrio y la armonía, trayendo como consecuencia enfermedades físicas y mentales, que van desde frustración, fatiga crónica, desordenes de la conducta, pasando por desarreglos hormonales, crisis nerviosas, complicaciones del metabolismo, angustia existencial, enfermedades y muertes prematuras, entre las cuales el suicidio es una variable recurrente.

Una salud excelente es sin duda alguna uno de los más grandes dones de la vida para los seres humanos. Conservarnos buenos es un privilegio y nuestra responsabilidad y deber es disfrutar de abundante salud física, ya que ésta es nuestra; pues nosotros somos vida y la vida es salud, vitalidad y energía. Si nosotros tenemos que expresar por completo la vida que somos, tenemos que disfrutar de perfecta salud.

Para estar bueno no tienes que liberarte de la enfermedad, ¡No! Desecha de remate la idea de enfermedad y contempla con entusiasmo una salud perfecta. Puesto que la vida eres tú, tienes que pensar que la salud está dentro de ti. Cuando crees que la salud está esperando expresarse, siempre presta a manifestarse a través de tu cuerpo, comienzas a disfrutarla, pues todo se desarrolla al través de la atención. Atrayendo la salud y dándole expresión, su manifestación se hace mayor. Si te sientes enfermo, presta de inmediato atención a la salud que tienes, que siempre prime una esmerada atención a la falta de ella.

La oscuridad desaparece automática cuando se enciende la luz en la habitación. Tienes derecho a la salud, ella es tuya ahora.

Comienza a construir en tu imaginación un cuadro mental de salud perfecta. Imprime firme ese cuadro de salud en tu mente creadora subconsciente *"la mente dentro de ti"*. Represéntalo claro. La vida es salud y vitalidad y eso es lo que eres, pues eres vida. Por medio de una fe positiva en la salud se elimina la fe en la enfermedad. Recuerda que el estado mental es tu fe y que todo se hace contigo de acuerdo con la fe que tengas. La mente actúa construyendo y reconstruyendo, creando y recreando de acuerdo con tu fe. Así, pues, ten fe en la salud, la energía y el poder, más bien que la falta de salud, en la ausencia de energía y de poder.

Nunca te permitas decir que eres algo que no deseas ser. Procura más bien decir y creer, "yo soy ya lo que deseo ser". La salud del cuerpo y de la mente son tuyas desde el momento que el poder de la vida misma está dentro de ti. "Existo, luego tengo vida plena". La contemplación de la salud y la actividad saludable estimula el poder y la energía de la vida infinita a soltarse dentro de ti y la energía surgirá en salud radiante y fuerza dinámica. Contémplate y píntate como un individuo poderoso y pleno de energía, crea ese cuadro ideal claro en la mente y luego acéptalo para tu beneficio. Piensa en alguien que disfruta de perfecta salud, uno que ejecute toda tarea fácil y con entusiasmo, que sea capaz de digerir sus alimentos perfectos y vivir en paz. Luego tranquilo y calmado ponte en medio de ese cuadro, imagínate disfrutar de la misma vida de esa persona, manifestando aquellas cualidades, e imagina tu cuerpo hormigueando de vitalidad.

Comprende que una inteligencia perfecta, sabe cómo reparar y hacer cada parte entera de tu cuerpo. La inteligencia que supo cómo crear un cuerpo perfecto en el primer caso aún sabe cómo hacerlo otra vez, sabe cómo repararlo y la ley de la vida está siempre a punto para hacer las reparaciones. Ese poder inteligente es Dios mente en tu ser. ¡Crea un nuevo concepto, una nueva imagen en tu mente! Contémplate como vital, saludable, vivo, activo y expresa, "Eso soy yo", no importa en lo más mínimo lo que me haya sucedido en el pasado. La salud es mía ahora. Yo la siento vibrar dentro de cada respiración, todos los órganos, tejidos y funciones de mi cuerpo están rebosantes de salud, vitalidad y poder.

Yo sé que la vida está ahora operando a través de la mente creadora dentro de mí, reconstruyendo cada tejido que necesita reparación, removiendo toda obstrucción mental o física, para que yo disfrute de perfecta salud. Todo pensamiento mío debe estar direccionado en busca de lograr la perfecta salud y podemos estar seguros de lograrla con el poder infinito de la mente.

"La mente infinita dentro de mí, sabe cómo tomar alimento de fuera de mi cuerpo y a través de un misterioso proceso de digestión y asimilación transforma ese alimento en tejidos vivos dentro de mí. La mente infinita de mi está haciendo continuos milagros conmigo. La vida inteligente que poseo combina el alimento, el aire, la luz del sol y el agua que construye un cuerpo perfecto para mí. La inteligencia suprema, es el poder inteligente que reside en cada átomo, en cada célula de mi cuerpo, mantiene mis pulmones respirando, mi corazón latiendo, mi sangre circulando, mis órganos digestivos y mi aparato motriz operando en perfecta armonía. Yo sé, confío en ello, creo en ello y lo bendigo y yo le estoy agradecido por servirme tan inteligente y eficiente".

"La vida está ahora limpia, purificada, vitalizada cada parte, y es mía. Soy fuerte, estoy sano. Sé que no hay nada imposible para mí y yo soy vida, dependo de la vida y confío en ella". "El poder curativo de la vida sana fortalece y perfecciona mi cuerpo, preciso ahora. Acepto esto". "Rechazo todo sentimiento de temor y ansiedad. Me colmo por completo y dejo que la vida opere a través de mi cuerpo sin obstáculos, completa y libre". "Estoy relajado, la vida circula normal y natural a través de todos los tejidos de mi cuerpo. Todas las células están vivas, rebosando de perfecta salud. Estoy agradecido por mi salud".

"La vida perfecta opera ahora a través de mis ojos. Veo la belleza de la vida por todas partes sin esfuerzo. Mi visión es perfecta, veo claro y perfecto". "Mis oídos oyen solo lo que es bueno y oigo fácil y exacto sin ejercer ningún esfuerzo o violencia. Mi audición es aguda y clara". "Todos los órganos de mi cuerpo funcionan perfecto. Amo mi cuerpo y tengo fe en él, confío en cada una de sus partes". "Motivo buenos pensamientos sobre mi cuerpo, otras personas y las situaciones y circunstancias. Oigo lo que es bueno, veo lo bueno y me esfuerzo solamente por hacer lo bueno". "Hablo con sabiduría, amor y comprensión". "En forma serena y calmada, sin tensión o signo de violencia, hago todo lo que necesito, cualquier cosa que deba hacer, fácil y confiado".

"Tengo siempre conciencia de que la vida infinita se está manifestando en mí. Descanso confiado y duermo tranquilo y pacífica sabiendo que la vida infinita con su abundancia de bondad opera continua a través de mis pensamientos, a través de mi cuerpo y penetra en mis argumentos". "Soy fuerte, estoy sano, tranquilo, confiado, calmado y en paz. Soy salud y vida optima".

CAPÍTULO Nº 9

Voluntad de poder

PRINCIPIO BÁSICO DE LA REALIDAD A PARTIR DEL CUAL SE DESARROLLAN TODOS LOS SERES. ES LA FUERZA PRIMORDIAL QUE BUSCA MANTENERSE EN EL SER, Y SER AÚN MÁS.

Nietzsche cree que en todas las cosas encontramos un afán por la existencia, desde el mundo inorgánico hasta el mundo humano, pasando por todos los distintos niveles de seres vivos. Todas las cosas son expresión de un fondo primordial que pugna por existir y por existir siendo más.

En los años previos al acceso de locura que le sobrevino en 1890, Nietzsche redactó lo que consideraba iba a ser su obra más acabada, que pensaba titular precisamente "**La voluntad de poder**". Todos sus escritos anteriores eran en esencia críticos, con ellos intentó echar por tierra los esquemas mentales que han dominado toda nuestra cultura desde sus mismos orígenes (desde Sócrates), esquemas que Nietzsche resume en el concepto de platonismo. Sin embargo, en esta última obra (inconclusa y publicada tras su muerte) intentó describir su visión positiva de la realidad, visión que coincide con la que él mismo presentó ya en su primera obra, "**El nacimiento de la tragedia**", con la noción de lo *dionisíaco*. Dada la repugnancia que parece despertar en él todo lo metafísico, todo discurso relativo al ser puede resultar extraño sugerir que con la voluntad de poder Nietzsche nos presenta su noción de ser, su "metafísica", pero en cierto modo así es. Las *características* que parece tener para él la realidad, el ser, *"por lo tanto, la voluntad de poder"* son las siguientes:

- ***irracionalidad***: la razón es sólo una dimensión de la realidad, pero no la más verdadera ni la más profunda; y ello tanto en el sentido de que en el hombre la razón no tiene "ni debe tener" la última palabra, puesto que siempre está al servicio de otras instancias más básicas como los instintos o la mera eficacia en el control de la realidad "es decir su mera utilidad, que no su verdad", como en el sentido de que el mundo mismo no es racional: nosotros lo creemos racional, intentamos someter a un orden y a una legalidad lo que en sí mismo no es otra cosa que caos, multiplicidad, diferencia, variación y muerte.

- ***inconsciencia***: la fuerza primordial que determina el curso de todas las cosas no es consciente, aunque esporádica y fugaz se manifiesta de este modo precisa en nosotros, los seres humanos; pero incluso en este caso la consciencia no tiene carácter sustantivo, ni crea un nivel de realidad nuevo o independiente. Nietzsche considera la consciencia como algo superfluo, que perfecta podría no darse y que de ningún modo añade mayor perfección ni realidad.

- ***falta de finalidad***: las distintas manifestaciones que toman las fuerzas de la vida, sus distintas modificaciones, los resultados de su actuación, no tienen ningún objetivo o fin, no buscan nada, son así, pero nada hay en su interior que les marque un destino. Dado que lo que nosotros percibimos, y que todo con lo que tratamos (objetos físicos, mundo espiritual, social y cultural) es expresión de esta realidad sin sentido, Nietzsche declara con ello el carácter gratuito de la existencia (tesis totalmente idéntica al existencialismo sartriano para el que todo ente "está de más").

- ***impersonalidad***: es una consecuencia de las dos características anteriores (inconsciencia y ausencia de conducta final o intencional); esta fuerza no puede identificarse con un ser personal "mucho menos puede pensarse que con ella Nietzsche intenta introducir sutilmente la noción de Dios"; incluso los textos sugieren que en realidad tenemos en propiedad un cúmulo de fuerzas, no una básica que supuesta esté a la base de todas las visibles; un cúmulo de fuerzas que buscan la existencia y el ser más, compitiendo en dicho afán entre sí, enfrentándose y aniquilándose. Se puede justificar que estas tesis sean algo así como la "metafísica" nietzscheana, su teoría del "ser", en la medida en que son una interpretación de lo que de modo ingenuo o habitual o natural experimentamos. Si alguien nos pregunta qué vemos, le indicamos que vemos un perro, o una mesa, o una persona, pero no una fuerza o la citada voluntad de poder. Sólo si hacemos una interpretación, y precisamos una interpretación metafísica o filosófica podemos concluir como Nietzsche concluye. Nietzsche argüiría que en realidad su interpretación no es otra cosa que una reconstrucción de una experiencia originaria alegaría que nuestras interpretaciones habituales, espontáneas, naturales, en realidad están impregnadas de teoría, son consecuencia de un peculiar modo de interpretar el mundo, el que corresponde al platonismo triunfante en nuestra cultura a partir de la filosofía griega.

Hay que tener mucho cuidado con la palabra "voluntad", pues Nietzsche no está pensando en lo que habitual llamamos con este término. Llamamos "voluntad" a aquello que nos permite tener actos de querer, a la fuerza que descansa en nuestro interior gracias a la cual dirigimos nuestra conducta y con la que somos capaces de realizar los fines de los que somos conscientes.

La tradición aristotélico-tomista la consideraba una facultad del alma, la psicología actual una capacidad de la mente.

Para Nietzsche esta voluntad es una manifestación superficial de una fuerza que está más en lo profundo de nuestro ser.

Su desconfianza respecto de la voluntad como capacidad psicológica lo lleva incluso a desacreditarla indicando que si confiamos tanto en ella y en la libertad se debe en exclusivo a que de ese modo la moral tradicional puede introducir la idea de culpa y de pecado. Los teólogos y sacerdotes nos piden que creamos en ella para de este modo hacernos responsables de nuestros actos e inculcar en nosotros la noción de pecado y culpa.

La voluntad de poder no es la voluntad que se descubre con el conocimiento de uno mismo, que se conoce por introspección. Esta voluntad es una simplificación de un complejo juego de causas y efectos. No hay un deseo único, hay una pluralidad de instintos, pulsiones, inclinaciones diversas, que se enfrentan unas a otras; a la consciencia sólo llegan los resultados de dicho enfrentamiento, como dice Nietzsche, la voluntad como facultad psicológica "es el lejano eco de un combate ya disputado en lo profundo".

La voluntad de poder se identifica con cualquier fuerza, inorgánica, orgánica, psicológica, y tiende a su autoafirmación: no se trata de voluntad de existir, sino de ser más. Es el fondo primordial de la existencia y de la vida: "¿Queréis un *nombre* para este mundo? ¿Una solución para todos los enigmas? ¿Una luz también para vosotros, los más ocultos, los más fuertes, los más impávidos, la más de media noche? ¡*Este* mundo es la *voluntad de poder*, y nada más! ¡Y también vosotros mismos sois esa voluntad de poder, y nada más!" tomado de " La voluntad de poder".

El mundo está habitado por siete mil quinientos millones pasados del cálculo matemático real posible de seres humanos; recuerda que estás entre los siete mil millones que tienen el poder absoluto para elegir, poder para laborar, poder a la opinión, poder para discernir, poder de vivir y poder para ser partícipes del trascendental cambio global de establecer un balance ecuánime y participativo de los dones físicos y morales que fueron puestos por la naturaleza para el disfrute de todos.

Alguno de ustedes por la capacidad de pensamiento por su inteligencia permitida, muy lacónicamente dirá: "pero este lacayo no dice, que también tenemos el poder de morirnos de necesidad y de hambre" y es razonable su lógica inquietud manifiesta, lo que pretende y precisa este legado es que la brillante mente de todos al unísono, forme una poderosa cadena universal magnética de entendimiento positivo, que irradie la energía suficiente que alimente la voluntad inteligente de conquistar siempre los beneficios por vía de los méritos obtenidos, mas no, bajo las causas y efectos negativos y represivos, logrando nos sea dado un medio vivible, sano, seguro y participativo, donde imperen las fuerzas divinas positivas que nos brinda la madre naturaleza.

Tengamos presente que, "Los recursos naturales para la vida en equilibrio de los seres están dados, solo que mal distribuidos".

Como usar la mente para lograr la seguridad económica

Debemos a conciencia interpretar la definición del concepto de *Nietzsche* donde expresa que, "La voluntad es una simplificación de un complejo juego de causas y efectos". Donde la voluntad puede sufrir un cambio en su principio fundamental para querer obtener más a toda costa.

Es de importancia el reconocer que la seguridad económica es esencial para la felicidad de los seres humanos. La seguridad garantiza la libertad personal. Podríamos decir honestamente que el dinero es una de las mayores bendiciones materiales que la vida otorga a los seres humanos para ser libres en una economía de consumo. El dinero puede ser el medio para atraer gran bien a la vida y a través de su empleo adecuado, puede ser también el medio de proporcionar grandes beneficios a otras vidas. El dinero simboliza vida rica y abundante, representa libertad y poder. Y lo mismo que cualquier bendición de la vida, el dinero debe ser recibido con agradecimiento y humildad, disfrutado y usado para un buen fin.

Lo mismo que el aire, la luz del sol y el agua, el dinero está disponible para ti, te rodea y llega a ser tuyo cuando usas la simple ley natural de dar y recibir. Graba en tu mente la idea de que el dinero es bueno, que es bueno para ti y luego imagina tranquilo el bien que puedes y quieres hacer con él. Pregúntate, "¿POR QUÉ NECESITO DINERO? ¿CUÁL ES EL PROPÓSITO AL QUERER DINERO?". Si su motivo es justo y está por encima de todo reproche, si es bueno y honesto, entonces sientes en tu corazón que tienes el derecho al dinero y si tienes el derecho a él, puedes con certeza esperar tenerlo.

La obtención del dinero o alguna cosa buena por malas artes o usarlos con algún propósito destructor, trae resultados desdichados, pero la falta no está en el dinero, sino en el motivo y en el uso impropio del mismo. Algunas personas creen que vivir en la pobreza y la necesidad es virtud, pero ellas debían saber que como seres humanos tienen el derecho a todos los bienes que la vida ofrece, con tal de que usen ese bien de modo constructivo. Debemos elevarnos por arriba de las necesidades y la limitación. Con arreglo a la fe así te irá, ponla en la bondad de la vida, como una expresión sana, en la inmediata y amable respuesta hacia las ricas ideas que bendices y sirven a otros.

Un hombre desesperado por la cantidad de deudas y facturas acumuladas y por pagar, leyó la conocida sentencia de Jesús, "En verdad yo te digo que, si tienes fe como un grano de mostaza, dirás a esa montaña, muévete de aquí a otro sitio y ella se moverá y nada será imposible para ti". El leyó esta sentencia una y otra vez. La idea echó raíces en el pensamiento del hombre y de ella creo y desarrolló un negocio importante haciendo pequeñas pelotas de plástico con una semilla de mostaza en el centro, la idea creció y las semillas de mostaza fueron puestas en sortijas, pulseras, aretes y sujetadores de corbata, recordando a millones de personas que es su fe la que determina lo que ellas son.

Esta fue una buena idea puesta en el uso para el bien de todo el mundo. Vigila esas ideas, ellas vienen siempre a todos nosotros. Por tanto, cuando te llegue una buena idea no la rechaces, ¡Empléala! Ponla a trabajar para tu bien y de las demás personas.

Hazte esta pregunta: "¿Cómo puedo atender todas las necesidades del mundo?" "¿Qué ideas, que talentos no usados, tengo?" Deja estas preguntas consumirse en tu pensamiento. Espera una respuesta y tendrás una idea. Luego no deseches la idea cuando te llegue, sea ella la que fuere, pues la vida inteligente te está guiando y dirigiendo. En el capítulo cuarto de la biblia del segundo de los reyes hay un cuento oriental que ilustra la importancia de tener ideas y utilizarlas.

Una traducción moderna lo expresa así, "La esposa de un miembro de la hermandad de los profetas hizo una vez una llamada a Eliseo, tu siervo, mi marido, ha muerto, gritó ella y sabes que él reverenciaba al Eterno. Ahora un acreedor ha venido a tomar mis dos hijos y a hacerlos sus esclavos", "¿Qué puedo hacer yo por ti? -dijo Eliseo, "Dime lo que tienes en la casa, y le replicó ella, tu humilde sierva no tiene nada en casa, excepto un frasco de aceite de oliva". "Entonces pide prestado vasijas aquí y allí, dijo él, a todos tus vecinos, vasijas vacías, abundancia de ellas, enciérrate en la casa tú y tus hijos, vierte el aceite en todas esas vasijas y cuando una de ellas esté llena ponla a un lado".

Ella partió he hizo lo que se le dijo, encerrándose con sus dos hijos dentro de la casa. Ellos arrimaban las vasijas mientras ella echaba en ellas aceite, cuando las vasijas estaban llenas, decía ella a su hijo, "trae otra" y el muchacho dijo, no hay ninguna más. En ese momento el aceite paró de fluir. Cuando ella fue y le contó al hijo de Dios, él le ordenó vender parte del aceite para pagar sus deudas y luego que vivieran ella y sus dos hijos con el resto.

Esto no es una historia de magia o de milagros, sino una lección de cómo vencer nuestras dificultades y llegar a ser prósperos. La viuda, o lo femenino, simbólicamente representa la *mente subconsciente* que es la parte *creadora de la mente*, como diferencia de la *objetiva o consciente* que es la parte que *piensa, elige, programa* y aprueba para ordenar su ejecución. El marido o la parte masculina representa el pensamiento consciente o mente objetiva. La viuda, la mente de la sensibilidad creadora, subjetiva, está llena de temor y cuando nosotros tememos, perdemos nuestro poder de razonar efectiva, cuando estamos en una gran confusión, somos incapaces de pensar claro y así perdemos nuestra capacidad de ejecución y como la mente subconsciente es el cuerpo constructor, éste da forma a cualquier idea que manejemos.

Cuando perdamos temporal nuestro poder de razonar claro o sea el control de nuestras emociones, creamos una imagen de temor en nuestra imaginación y aquello que tememos se vuelve enorme y viene sobre nosotros. Es decir, que cuándo estamos consumidos por el temor, de pobreza, pena y fracaso, solo no razonamos con claridad, sino que nos hundimos cada vez más en la duda y en la turbación y al final perdemos todo sentido de los valores; estamos controlados por las emociones. En esta historia, la viuda afligida fue al profeta Eliseo. Lo masculino representa el poder razonable de la mente y el profeta representa no solo la razón, sino también el más alto nivel de intuición e inspiración.

La parábola nos enseña que cuando estemos trastornados por el temor, confusos mental, sin saber qué hacer, debemos ponernos en quietud y buscar calmados el nivel de inspiración dentro de nosotros, dejando que la inteligencia interior nos diga lo que tenemos que hacer. Esto es lo que cada uno debe de hacer cuando estamos acosados por temores, preocupaciones y ansiedades. Cada uno, como lo hizo la viuda, debe acudir al más alto nivel de inspiración de la mente en busca de la respuesta. Las personas deben aprender a lograr la solución verdadera a los problemas planteados, de acuerdo con las soluciones que les presenta su imaginación, por tanto, a "las personas no se les da el pescado", se *"les indica como obtenerlo"*, para que ellas lo hagan en la forma más práctica que puedan.

Tendrás que usar los medios y los conocimientos que posees para salir de la dificultad, las respuestas a tus problemas físicos están dentro o fuera de tu propia casa y dentro de tu mente. Recuerda, los grandes logros que han obtenido las personas se desarrollaron por el método de "Ensayo y error", descubrimientos nunca esperados, pero que son el pilar del desarrollo científico; la investigación demanda mucha paciencia y calma, por esa razón, "La constancia vence, lo que la ignorancia no alcanza".

Todos tenemos esta misma responsabilidad. Algún otro puede ayudarnos, aconsejarnos e incluso odiarnos, pero el sitio para obtener las ideas sobre lo que debemos hacer, así como el poder para ejecutarlas, está dentro de nosotros. Lo mismo que la persona en referencia, tenemos que recurrir a nuestros propios poderes y recursos. ¿En casa, que tenemos, que no hagamos uso de ello? Las ideas de servicio y ejecución son las cosas más valiosas que podemos tener y ellas pueden ser transformadas en salud si nosotros le damos curso a las ideas que necesitamos; en un comienzo la viuda no pensaba en su capital, ella tenía solo una pequeña idea que podía usar para servir a la humanidad, pero se encontró que cuando empezó a usarla, era todo lo que necesitaba.

Por lo general la persona inculta trata de asirse al exterior, cuando claman por ayuda. Muchas personas creen en el "empujón", piensan que alguien puede darles la cuota física o las ideas, pero toda persona tiene la riqueza dentro de sí misma, en su propia casa, si quiere reconocerla, organizarla y ponerla en acción. Hay personas que tienen una pequeña idea y si la inspiración les dice que puede ser de valor al mundo, deben de ejecutar.

Se dice que Diego Echavarría Misas, uno de los hombres más ricos de un país, cuando le preguntaron qué haría si de repente perdiera toda su fortuna y su negocio, contestó, "yo pensaría en alguna otra necesidad básica y fundamental de todas las personas y cubriría esa necesidad de un modo barato, eficiente y asequible para todas las clases, en especial las más necesitadas y me sentiría la persona más feliz y bendita sobre la tierra" y estoy seguro que en unos años sería multimillonario de nuevo.

Las oportunidades para servirnos están a nuestro alrededor, existen al alcance de todas las manos. Si reconocemos y aprovechamos estas oportunidades y las usamos eficiente, la vida nos entregará para que podamos cancelar nuestras deudas y vivir bien, lo cual significa que mientras tú y yo continuemos usando nuestras ideas, energías, y oportunidades, fluirán más ideas para usarlas. Pero cuando dejemos de verter ideas la corriente cesa.

Siempre tenemos una gran idea dentro, la cual debe ser valiosa para el mundo. Pero para reconocer el valor de esta idea, tenemos que vencer la confusión, las preocupaciones, las ansiedades y el temor de plantearla, planearla, presentarla y ejecutarla. Ten en cuenta los ejemplos a continuación:

Se llaman a los hermanos Wright los "padres de la aviación", y suelen ser considerados como los primeros en hacer volar una máquina más pesada que el aire de forma sostenida y controlada. Sin embargo, nadie hubiera dicho, hasta unos pocos años antes de lograr el éxito en tan importante empresa, que fueran a hacer nada por el estilo.

Sin embargo, durante veinte años nada parecería indicarlo. Orville, el menor, era un muchacho inteligente, pero travieso y no demasiado aplicado, que pronto dejaría los estudios. Wilbur era más ordenado y trabajador, y podría haber seguido un camino muy distinto: de hecho, iba a estudiar en Yale. Sin embargo, con diecinueve años sufrió un golpe en la cara con un palo de hockey mientras jugaba con sus amigos y, aunque aparente no sufrió daños permanentes, su actitud cambió por completo; se retrajo, perdió toda ambición "abandonó la idea de ir a Yale" y permaneció en casa cuidando de su madre durante años, sin ningún espíritu emprendedor.

Curioso sería Orville el que sacaría a su hermano de su estupor: en 1889 decidió abrir una imprenta. Pidió ayuda a su hermano Wilbur, y juntos diseñaron su propia imprenta, demostrando ya que su creatividad e inteligencia eran especiales. Juntos publicaron un par de periódicos, y tres años más tarde abrieron un taller de reparación de bicicletas, que muy pronto se convirtió en su propia fábrica de bicicletas, la **Wright Cycle Company.**

Cuando tranquilos volvemos a nuestro interior por inspiración para usar del mejor modo posible lo que tenemos y cuando nos permitimos a nosotros ser los directores que nos guiamos en la actividad, encontramos un modo de verter fuera lo que tenemos para servir las necesidades de otros y con provecho para nosotros como promotores.

Satisfacemos una necesidad universal de la humanidad que a su vez revierte abundantes dividendos y cuida de nosotros; las ideas para el servicio están preciso dentro de nosotros, ideas para la salud, para la felicidad y para el éxito.

¿Por qué no parar justo aquí y hacer una lista de estas capacidades que tienes, por medio de las cuales puedes servir a tus semejantes y por ello te pagarán con alegría y satisfacción?

Explora en el conocimiento de estos grandes personajes de la música, las ciencias y las artes que han prevalecido con el tiempo y en el tiempo:

Ludwig van **Beethoven** fue bautizado el diecisiete de diciembre de 1770, en Bonn. Su familia era originaria de Brabante, en Bélgica. Muy pronto, Ludwig mostró interés hacia la música, y su padre Johann lo instruyó en los fundamentos del sublime arte, noche y día, cuando volvía a su casa de los ensayos o de la taberna. No había ninguna duda de que el niño manifestaba el don de la música, y su padre pensó entonces en poder lograr un "niño prodigio", un nuevo Mozart.

El veintiséis de marzo de 1778, a la edad de siete años, Beethoven hizo su primera actuación en público en Colonia. Su padre anunció que tenía seis años, para hacerlo ver como más precoz. Por esto, Beethoven siempre pensó que era más joven de lo que era en realidad. Inclusive mucho más tarde, cuando recibió una copia de su certificado de bautismo, él pensó que pertenecía a su hermano Ludwig María, que había nacido dos años antes que él, y que había muerto a los pocos días de nacido.

De cualquier modo, los talentos musicales y pedagógicos de Johann eran limitados y hubo que buscar otros instructores. Ludwig aprendía rápido, en especial el órgano y composición guiado por músicos experimentados como Gottlob Neefe. Neefe fue muy importante para la instrucción de Beethoven. Reconoció el nivel excepcional del genio de Beethoven de inmediato. Fue una influencia grande para él porque tanto, como transmitirle conocimientos musicales, le hizo conocer a Beethoven las obras de los más importantes pensadores, antiguos y contemporáneos.

En 1782, a la edad de once años, Beethoven publicó su primera composición: "Nueve Variaciones sobre una Marcha de Erns Christoph Dressler" (WoO sesenta y tres). Mas tarde en 1783, Neefe escribió en la "Revista de Música", acerca de su talentoso alumno: "Si continua de esta manera, será sin duda, el nuevo Mozart".

En junio de 1784, por recomendación de Neefe, Ludwig es contratado como músico en la corte de Maximiliano Franz, Elector de Colonia. Este puesto le permitió frecuentar la música de los viejos maestros en la orquesta. También esto le permitió la entrada en nuevos círculos sociales. En estos conoció gente que iba a convertirse en amigos por el resto de su vida. La familia Ríes, el von Breuning con la encantadora Eleonora, Karl Amenda, el violinista; también a Franz Gerhard Wegeler, un doctor y muy querido amigo de Beethoven que también viajo luego a Viena, etc. En la casa de los von Breuning, el joven Beethoven conoció a los clásicos y a aprendió a amar la poesía y la literatura.

El Príncipe Maximilian Franz estaba consciente del talento de Beethoven, y por lo mismo, en 1787 lo envió a Viena a estudiar con Mozart y proseguir su educación. Viena era entonces el faro cultural y musical de Europa. En relación con el encuentro entre Mozart y el joven Beethoven, solo existen textos de disputable autenticidad. La leyenda dice que Mozart habría dicho: "Recuerden su nombre, ya que este joven hará hablar al mundo"

Einstein, Albert (1879-1955), físico alemán nacionalizado estadounidense, premiado con un Nobel, famoso por ser el autor de las teorías general y restringida de la relatividad y por sus hipótesis sobre la naturaleza corpuscular de la luz. Es probable el científico más conocido del siglo XX.

Nació en Ulm el catorce de marzo de 1879 y pasó su juventud en Múnich, donde su familia poseía un pequeño taller de máquinas eléctricas. Desde muy joven mostraba una curiosidad excepcional por la naturaleza y una capacidad notable para entender los conceptos matemáticos más complejos. A los doce años conocía la geometría de Euclides. A la edad de quince años, cuando su familia se trasladó a Milán, Italia, a causa de sucesivos fracasos en los negocios, Einstein abandonó la escuela. Pasó un año con sus padres en Milán y viajó a Suiza, donde terminó los estudios secundarios, e ingresó en el Instituto Politécnico Nacional de Zúrich.

Durante dos años Einstein trabajó dando clases particulares y de profesor suplente. En 1902 consiguió un trabajo estable como examinador en la Oficina Suiza de Patentes en Berna. La tercera publicación de Einstein en 1905, *Sobre la electrodinámica de los cuerpos en movimiento,* formulaba lo que después llegó a conocerse como la teoría especial de la relatividad "o teoría restringida de la relatividad", Su más grande aportación a la física contemporánea y una de las más revolucionarias teorías de nuestro siglo.

Ralph Waldo **Emerson:** El padre de Ralph Waldo Emerson era un pastor o clérigo *unitarista* que murió cuando su hijo tenía ocho años dejando a su familia en una absoluta pobreza, de la que salieron aceptando la caridad y admitiendo huéspedes. Su madre se las arregló sin embargo para que todos sus hijos pudieran ser admitidos en la *Universidad de Harvard* con becas, y allí fue a parar Ralph Waldo cuando contaba catorce años. En la universidad empezó su famoso *Diario,* una antología y centón de pasajes que le sorprendían o admiraban en sus lecturas con sus correspondientes comentarios que terminó alcanzando los ciento ochenta y dos volúmenes y que será la base de donde extraerá sus obras posteriores, desde sus sermones hasta sus conferencias y *ensayos.* Tras obtener su título con un expediente académico mucho más discreto que los de sus hermanos, ayudó a uno de ellos en una escuela de señoritas que había establecido en la casa de su madre.

Publicó de forma anónima su primer libro, *Nature*, en septiembre de 1836; en él exponía los fundamentos de su filosofía; el treinta y uno de agosto de 1837 pronunció un discurso en la sociedad Phi Beta Kappa, "El estudiante americano", en el que proclamaba la independencia literaria de los Estados Unidos y recomendaba vivamente a los americanos crear su propio estilo de escritura, liberado del europeo; el quince de julio de 1838 Emerson pronunció un discurso, conocido como *The Divinity School Address*, decisivo para la historia del *Unitarismo*. Recogió algunos de estos trabajos, discursos y conferencias en su primer libro de *Ensayos* (1841). Insólito para tratarse de un producto filosófico de origen norteamericano, pronto se tradujeron al francés y al alemán y fueron respetuosamente reseñados en la *Revue des Deux Mondes*.

Influido por la filosofía *racionalista* y *romántica* alemana que conoció a través de Carlyle y por el *hinduismo* que le hizo estudiar su amigo Max Müller, Emerson proponía el *Trascendentalismo*, una vía intuitiva basada en la capacidad de la conciencia individual, sin necesidad de milagros, jerarquías religiosas ni mediaciones.

La filosofía de Emerson es típicamente *liberal*: potencia los valores del individuo y del yo, es afirmativa, vitalista y optimista. De ahí las alabanzas que mereció por parte de pensadores como *Friedrich Nietzsche* y otros. Es considerado uno de los primeros *ensayistas* norteamericanos; publicó dos series de este tipo de escritos, entre los cuales destacan títulos como "Naturaleza", "Libros", "Autosuficiencia", "Ancianidad", "Civilización americana", "Historia", "Confianza en sí mismo", "El poeta", "Compensación", "Experiencia", "Política" o "El trascendentalista". (Nació el veinticinco de mayo de 1803, en Boston – Murió el veintisiete de abril de 1882, en Concord).

No hay carencia cósmica, sino que el hombre a través de su carencia de comprensión falla a menudo en ver y captar su bien. No reconoce su capital ni su capacidad de servir a la vida y, por consiguiente, ser servido por ella. Proyectar simplemente el ganar dinero no es creador y sabio. Cuando nosotros servimos honesta y sabia a la vida, el dinero nos llega normal y natural y sin gran esfuerzo y él nos traerá felicidad y gozo. Aire fresco y limpio nos rodea, aceptémosle. Nosotros lo inhalamos con buen fin. Pues bien, si tomamos la misma actitud hacia el dinero, en esencia seriamos sin duda alguna también provistos de él abundante.

La seguridad y la felicidad son los resultados del uso propio y legal del poder y energías de la vida. Debemos vivir y servir en tal modo que estemos convencidos de que nos asiste el derecho de tener. La vida nos servirá, cuando creamos que el éxito nos pertenece, cuando creamos que podamos tener las cosas y que tenemos derecho al éxito, entonces lo tendremos.

Cada cosa que hagas, ejecútala en tal modo que estés satisfecho contigo mismo. Contémplate en la imaginación sirviendo a las necesidades de otras personas siempre en mayor y mejor modo; contempla este servicio dándote cada vez más abundancia. En tu imaginación, ve la vida respondiendo como un resultado a tu servicio altruista. Cree que el dinero fluye para ti tan fácil como para cualquier otro en todo el mundo y acéptalo cuando te llegue, sea cual fuere la cantidad, con un profundo sentido de apreciación y úsalo con sabiduría y con gratitud.

El dinero es una sustancia universal, pertenece a todas las personas, existe para el uso de todos. Descarta por completo cualquier falsa idea de que no puedes o no debes tener abundancia de dinero, pues este es necesario para expresión completa, libre y feliz de la vida a través de tu entorno.

Di para siempre, "Uso mi dinero en forma saludable, constructiva, generosa y buena. No lo rechazo ni lo rehúso más de lo que rechaza y rehúsa el aire o la luz del sol. Acepto los dones generosos que la vida me da con entusiasmo. No soy un esclavo del dinero, sino que lo considero como mi sirviente. El dinero es bueno para mí y lo uso para proporcionar bien en las vidas de los otros, quienes son beneficiados por medio del uso correcto que hago del mismo, ideas creadoras y expansivas para éxitos financieros están surgiendo continuamente en mí.

Cuando busco altruista más y más, hacer bien a los demás, todos los canales de la vida, personas, situaciones y condiciones a mi alrededor vierten en mí mayor abundancia de dinero. Yo busco y encuentro en toda intuición". "Por medio del poder infinito de la vida, dentro de mí, yo hago lo que debo hacer con entusiasmo y fructuoso.

El éxito existe en mí y tengo el derecho a él, pues con lo mejor de mi conocimiento y capacidad estoy cumpliendo mi destino aquí en la tierra; expreso la vida, la buena vida, en forma completa y sana; empiezo el día con coraje y comprensión. "Tengo todo el dinero que necesito, con abundancia para ahorrar y dar; sé que no hay escases de dinero, me doy cuenta de que ese dinero es una abundancia espiritual. La capacidad de la vida para corresponderme es ilimitada; ella puede producir tan fácil como yo puedo producir ideas benéficas para la humanidad.

Se que mi estado de fe determina la cantidad que yo recibo, por tanto, hago todas las avenidas de mi existencia, tanto mental como física, para dar, así como para recibir abundante riqueza". "Hago inversiones prudentes y seguras y cada una de ellas me trae dividendos generosos. Las oportunidades para hacer dinero me llegan cada día, viene continua e inesperada.

Es tan normal y natural para mí adquirir riqueza como lo es el respirar. Estoy agradecido por mi riqueza y el uso allí donde hará el bien. Un flujo de ideas para aumentar mi cuenta en el banco viene de mí y yo pongo cada idea a trabajar para el bien personal, no egoísta, sino para que pueda dar aún más en ayuda y servicio.

Mi éxito es firme y constante; todo lo que hago prospera". "Tengo ingresos pródigos y seguros como resultado de mi integridad personal y como continúo utilizando lo que tengo al servicio de mis semejantes, más ingresos reemplazan lo que sale. Mi agradecimiento por lo que tengo y el buen uso que hago de ello me traen inconscientes más y mayores oportunidades para vivir mejor". "Las ideas para hacer dinero toman forma de volumen fácil y libre en mi imaginación y ellas fluyen y penetran en mi experiencia como más y más riqueza. La riqueza es mía ahora, yo la acepto, estoy agradecido por ella y contento con mis realizaciones. Estoy agradecido por la abundancia que tengo ahora". Pero hay que ser muy prudente, y en extremo inteligente en el manejo de este concepto o realidad.

CAPÍTULO Nº 10

Perdónate a ti mismo

A muchas personas les disgusta cambiar sus mentes. Del mismo modo, muchas insisten en mantenerse aferradas a viejas creencias, anticuadas prácticas, que se interponen en el camino de sus experiencias de salud, éxito o felicidad.

Prefieren guardar sus viejas creencias más bien que avanzar hacia la libertad, hacia el éxito, hacia la paz. Podríamos llamarle a esto un símbolo de orgullo espiritual.

Emerson dice: "En la luminosidad de tú razón verás que nada hay aún escrito".

Así, muchas personas tienen el real miedo de aprender algo nuevo, se asustan, con el fin de impedir que se les venga abajo su viejo y cómodo mundo familiar. Pero debemos darnos cuenta de que nunca estamos esclavizados, solo cuando nos encadenamos por nuestras propias convicciones y nadie puede liberarnos, sino nosotros mismos.

Un profundo sentimiento de culpabilidad puede enfermarte

Una persona que sufría de artritis había ensayado muchos tratamientos y por tanto tomado múltiples medicamentos, sin lograr una estable mejoría. Su trastorno empezó durante una depresión económica varios años antes, aunque había superado en parte su problema económico, social y familiar; los médicos después de agotar todos los recursos destinados por la ciencia le diagnosticaron que su enfermedad persistía, debido al temor y que nunca sanaría hasta tanto no se liberara de este, su salud dependía de su propio esfuerzo de voluntad.

Según el manual diagnóstico y estadístico de los trastornos mentales (DSM-IV), los dos trastornos del estado de ánimo más importantes son el *Bipolar I* y el *Depresivo mayor*. Ambos están clasificados dentro del grupo de los trastornos del estado de ánimo que en el pasado se llamaron trastornos del afecto. A la depresión mayor también se le llama depresión unipolar, aunque este no es un término del DSM-IV.

El estado de ánimo puede ser normal, elevado o deprimido; las personas con estado de ánimo normal mantienen el control de su estado de ánimo y afecto, en los trastornos del estado de ánimo hay una pérdida del control anímico y una experiencia subjetiva de malestar, así como los síntomas referidos en el cuadro clínico reportado. En la historia se describen cuadros depresivos; Hipócrates en el siglo IV antes de Cristo, fue quién utilizó los términos de manía y melancolía.

En síntesis todo lo que esta persona necesita es creer seguro que tiene el derecho a estar bueno y sano, lo que debe hacer, es por medio de la imaginación crear en su subconsciente un cuadro de cura inmediata y completa. Remitirlo a su estado consciente para su elección y ejecución en el tiempo mínimo determinado para tal acción. Así lo hizo y en poco tiempo estaba curado de su mal.

Se conoce que un sentimiento de culpabilidad es la causa más común de desórdenes mentales y nerviosos y ello se manifiesta en el mal funcionamiento de diferentes órganos del cuerpo. Un sentimiento de culpabilidad es llamado en teoría "Conflicto de conciencia". Cierto, es un conflicto de conciencia y mientras laboremos bajo el sentimiento de haber hecho algo malo, en tanto que nutramos la memoria de un daño que se nos ha hecho, experimentamos tensión y una sensación de violencia en la mente, que inevitable, nos causa trastornos y dolor en el cuerpo; de aquí la necesidad del perdón.

Cuando se perdona a sí mismo, "queda perdonado"; pues es importante comprender que el perdón tiene lugar en la propia conciencia y su función es arrinconar esta acción en el lugar más escondido del archivo del inconsciente. La situación más tensa está dentro de la mente y el dejarla marchar, el aflojarla, el desprenderse del nudo, está dentro del propio ser.

Muchas personas no pueden soportar el recuerdo de los pecados pasados fastidiando sobre ellas; hay hombres y mujeres que viven el infierno del remordimiento y la culpa, cada vez que recuerdan algo de su vida pasada y por eso es muy común encontrarlos afligidos o llorando sin motivo aparente causado, esto es porque en cada ocasión recuerdan algo diferente de su pasado tormentoso y se llenan de nostalgia y temor, de que alguien o algo haga del conocimiento de su familia, seres queridos o sociedad presente, su vida pasada.

Estas personas deben afrontar con decisión y valentía el momento que se presente, si se llegara a presentar y dar una explicación concreta de sus actos pasados, pero ellos deben estar convencidos que hace mucho tiempo realizaron un alto en el camino de la vida y cambiaron su actitud y comportamiento, la vida les mostró el sendero más correcto para vivir en armonía, en paz, con fe y amor en sí mismos y con los demás; prueba de ello es la imagen presente de convivencia que reflejan en las personas inmediatas que las rodean y en la sociedad que frecuentan, dando ejemplo con su comportamiento y recta actitud.

Recuerda, "Que, si eres bueno ahora, tu cambio es total y sincero, eres justamente tan bueno como si nunca hubieras sido malo". Las personas deben tener siempre presente que, "El pasado es pasado", "Con las vivencias del pasado, borrón y cuenta nueva", "El pasado tempestuoso se almacena en el archivo del olvido del inconsciente", "todos los recuerdos negativos y enfermizos del pasado se olvidan".

Del pasado traemos solo los recuerdos buenos, positivos, amenos y agradables; con ellos podemos obtener bases de experiencias para reforzar la construcción de ideas nuevas, innovadoras, científicas y tecnológicas para el bien propio y para el bienestar de la sociedad, logrando con ello un mundo mejor de vida. De los recuerdos malos extraer las experiencias como ejemplos, para orientar y enseñar a los presentes, de no caer en el descuido de cometer esos errores.

Como persona, vive siempre en el presente, mantén tu mente activa y ávida del conocimiento en el desarrollo científico, económico y social; no te estanques, ni renazcas el pasado. Se consciente de proyectarte hacia el futuro, en la medida que tu capacidad mental te lo permita, sin caer en desafueros que comprometan tu estabilidad física y mental, busca la competencia y apóyate en los medios que la vida te da para lograrlo.

Como ejemplo que vive en el tiempo tomemos a **SIGMUND FREUD:** Freud no pretendía crear una teoría psicológica completa, pero llegó a elaborar un sistema que explicaba la psicología del hombre en su totalidad. Comenzó estudiando el trastorno mental y luego se preguntó por sus causas. Acabó formulando una teoría general del dinamismo psíquico, de su evolución a través de distintos períodos de desarrollo y del impacto de la sociedad, la cultura y la religión en la personalidad, además de crear una forma de tratamiento de los trastornos mentales. Logró formular una teoría psicológica que abarcaba la personalidad normal y anormal, y que incidía en todos los campos del saber: la sociología, la historia, la educación, la antropología y las artes.

La primera preocupación de Freud, dentro del campo del psiquismo humano, fue el estudio de la histeria, a través del cual llegó a la conclusión de que los síntomas histéricos dependían de conflictos psíquicos internos reprimidos y el tratamiento de estos debía centrarse en que el paciente reprodujera los sucesos traumáticos que habían ocasionados tales conflictos. La técnica utilizada en principio para ello fue la hipnosis. Más tarde introduce otra técnica de tratamiento: la asociación libre. Al principio era paralela al uso de la hipnosis, pero esta última técnica la acaba desechando por considerarla menos efectiva. En las asociaciones libres el paciente expresa sin censuras todo aquello que le viene a la conciencia de forma espontánea.

Posterior, incorpora la interpretación de los sueños en el tratamiento psicoanalítico, ya que entiende que el sueño expresa, de forma latente y a través de un lenguaje de símbolos, el conflicto origen del trastorno psíquico. La interpretación de los sueños es una ardua tarea en la que el terapeuta ha de vencer las "resistencias" que llevan al paciente a censurar su trauma, como forma de defensa.

Otro aspecto para tener en cuenta en la terapia psicoanalítica es el análisis de la transferencia, entendida como la actualización de sentimientos, deseos y emociones primitivas e infantiles que el paciente tuvo hacia sus progenitores o figuras más representativas y que ahora pone en el terapeuta. Su análisis permitirá al paciente comprender a qué obedecen dichos sentimientos, deseos y emociones, y a reinterpretarlos sin que ocasionen angustia.

Freud hace una formulación topográfica del psiquismo e incluye en él tres sistemas: uno **consciente**; otro **preconsciente**, cuyos contenidos pueden pasar al anterior; y otro **inconsciente**, cuyos contenidos no tienen acceso a la conciencia. La represión es el mecanismo que hace que los contenidos del inconsciente permanezcan ocultos. Más tarde presenta una nueva formulación del aparato psíquico que complementa a la anterior. En esta formulación estructural el aparato psíquico está formado por tres instancias: **el ello**, instancia inconsciente que contiene todas las pulsiones y se rige por el denominado principio de placer; **el yo**, que tiene contenidos en su mayoría conscientes, pero puede contener también aspectos inconscientes, se rige por el principio de realidad y actúa como intermediario entre el ello y la otra instancia del aparato psíquico; y **el superyó**, que representa las normas morales e ideales.

Un concepto básico en la teoría freudiana es el de "impulso" o pulsión (*triebe*, en alemán). Es la pieza básica de la motivación. Inicial diferencia dos tipos de pulsiones: los impulsos del yo o de auto conservación y los impulsos sexuales. Los impulsos sexuales se expresan dinámicas por la libido, como manifestación en la vida psíquica de la pulsión sexual, es la energía psíquica de la pulsión sexual. Más tarde reformulará su teoría de los impulsos y distinguirá entre impulsos de vida "Eros", en los que quedan incluidos los dos de la anterior formulación, e impulsos de muerte "Thanatos", entendidos como la tendencia a la reducción completa de tensiones. Freud tenía una concepción hedonista de la conducta humana: comprendía que el placer venía dado por la ausencia de tensión y el displacer por la presencia de esta. El organismo, primero, se orienta hacia el placer "principio de placer" y evita las tensiones, el displacer y la ansiedad.

No cabe duda de que el psicoanálisis fue una revolución para la psicología y el pensamiento de la época y ha servido como base para el desarrollo y proliferación de una gran cantidad de teorías y academias psicológicas. Estudió la histeria y otros trastornos del sistema nervioso.

Se suponía que estas enfermedades eran provocadas por un problema físico en el cerebro, pero un médico francés, Charcot, empezó a investigar a los pacientes, tratando de hipnotizarlos, pues la enfermedad estaba en las ideas grabadas en alguna parte de la mente, que más tarde Freud, llamo el inconsciente.

Freud comprendió las posibilidades del psicoanálisis al conocer un caso que trató el doctor vienés Josef Breuer "imagenizda": una joven, Anna O., que mostraba síntomas de histeria "parálisis y trastornos en la visión y en el habla" a causa de la muerte de su padre. Cierto día, Breuer solicitó de Anna que relatara su enfermedad, mientras la joven hablaba, Breuer advirtió con asombro que sus síntomas comenzaban a desaparecer. Freud se interesó activo por esta misteriosa «cura de conversación», como Anna misma la llamó, y colaboró con Breuer en sucesivos estudios que le condujeron a importantes descubrimientos.

Con el tiempo llego a la conclusión que el origen de todos estos problemas, son conflictos infantiles relacionados con el sexo. El origen sexual era el motor de fantasías, y frustraciones que posterior en la vida adulta y desde el inconsciente del individuo surgían en sus diferentes variantes.

Freud contaba 40 años. Finalmente se dio cuenta que los pacientes le transferían a él, lo que sentían por sus padres, nació así el concepto de "transferencia".

Hoy es creado el mundo de nuevo

El único pasado que debemos considerar es el que estamos creando hoy, pues hoy será el pasado del mañana. David nos dijo, "Hagamos el bien y confiemos en la ley". "Si una persona es buena, ella es buena". Dios no tiene rencor contra nosotros; no es envidioso, ni aplica el castigo a nadie, somos nosotros mismos quienes nos castigamos infringiendo la ley universal, esto es, "la ley de causa y efecto". La vida es buena con nosotros y siempre nos perdona cuando perdonamos. Así cuando dejamos de cometer errores y hacemos lo que es justo sabiendo que del bien solamente puede venir el bien, la ley natural de causa y efecto lo trae e ilumina a nuestras vidas.

Para el perdón de los errores pasados, necesitamos solo deponer el error, pensar rectos y obrar el bien. El resentimiento contra nosotros lo podemos tener sólo dentro de la mente y es en lo más profundo de su interior donde encontramos el perdón y la liberación. Esta reconciliación, paz y confort vienen cuando nos damos cuenta de que la experiencia pasada por la cual hemos sentido culpabilidad durante tanto tiempo, era un error debido a la ignorancia y con el perdón, entramos en una vida más rica, feliz y saludable.

Si abdicamos deliberados a nuestros errores pasados, después de hacer las enmiendas que podamos, si nos decidimos firmes a no violar el principio de la justicia, encontramos que hemos superado las antiguas equivocaciones y estas no tendrán más poder sobre nosotros, porque nunca las recordaremos ni consciente ni subconsciente. Perdonamos a nuestro propio ser cuando apreciamos sus buenas intenciones, cuando nos amamos y apreciamos a nosotros sanamente.

La verdad es que nosotros somos todos dioses, aun cuando, como dijo Robert Brwing, "en germen" perdónate a ti mismo, ve el bien en ti, expresa el bien y espera que éste regrese a ti. Para lograr el desarrollo integral como seres humanos, debemos de enfatizar en todas las áreas del conocimiento básico y fortalecer nuestro **desarrollo físico**, prestando atención a la salud, mediante el proceso de hábitos correctos que cultiven y mantengan mi integridad, bienestar y armonía, conmigo y con toda la naturaleza.

Mi **desarrollo social** se logra con el cultivo de las relaciones humanas sinceras y positivas, mediante el conocimiento de los valores y el respeto por la dignidad humana, independiente de los factores de variedad ideológica, étnica, cultural o económica.

El **desarrollo espiritual** como ser humano, está representado por el conjunto de principios y valores de grado superior que están regidos por la consciencia. Se expresan en el fomento de las **virtudes** sociales, como: la honradez, la bondad, la generosidad, el respeto por la vida, la justicia y la verdad, la voluntad, entre tantas otras.

En conclusión, el **DESARROLLO MENTAL** implica la BRILLANTE comprensión y entendimiento cabal, de todas y cada una de las facultades sensoriales y extra-espirituales que posees y el manejo inteligente que hagas de la información procesada y archivada en tu memoria.

Recuerda: "LA MENTE HUMANA ES UN INMENSO DESIERTO INEXPLORADO" ávido del saber y el conocimiento. La mente es el único medio que permite la comunicación del hombre con el máximo creador del universo, por medio del espíritu que derramó sobre nosotros. Por las neuronas y la red de nervios del cerebro, las impresiones mentales se transmiten a todos los órganos del cuerpo como por hilos telegráficos y controlan la acción vital de cada parte del sistema. Todos los órganos de función de las actitudes, aptitudes y destrezas son gobernados por los impulsos que reciben del cerebro y este por la comunicación que recibe de tú mente.

El ser humano está dotado de un maravilloso sistema nervioso central compuesto por el cerebro y la médula espinal. Al sistema nervioso periférico lo conforma una red de extensiones nerviosas que conectan los diversos órganos y sistemas internos del organismo con el sistema nervioso central. Este hace posible las funciones capitales de pensamiento y memoria. El conjunto del sistema nervioso permite a nuestro organismo interpretar, de manera consciente y también inconsciente, el medio externo en relación con el medio interno. Las terminaciones nerviosas especializadas en los órganos de la vista, el olfato, la audición, el gusto y las sensaciones de tacto, temperatura, presión y dolor, suministran información que es despachada hasta la central de procesamiento de datos, lo cual interpreta los impulsos eléctricos y ordena la respuesta equivalente en fracción de segundos.

El sistema nervioso del ser humano, en su conjunto regula todas las funciones del organismo, como el sistema circulatorio que representa el más perfecto modelo de movilización y tránsito jamás visto por el hombre, distribuye la sangre que fluye continua por los setenta y cinco mil kilómetros de arterias, capilares y venas para suministrar a cada uno de los billones de células el combustible suficiente para que realicen oportunos sus funciones.

El sistema digestivo, es toda una planta procesadora de los alimentos. El sistema respiratorio regula el tránsito, la captación y la asimilación del oxígeno necesario para transformar los alimentos en energía. El sistema urinario, con los riñones como grandes protagonistas, participa en la eliminación de los productos de desecho y en la administración de los electrolitos necesarios para mantener la carga eléctrica del cerebro.

El sistema óseo muscular, constituye la estructura que administra el movimiento y la locomoción, sostiene toda la estructura inteligente que es el organismo viviente del ser humano. El sistema endocrino, regula el ambiente físico químico interno mediante la secreción de hormonas como la insulina, la tiroxina y la adrenalina, cada sustancia tiene una función específica y su actividad hace que el organismo se conserve sano. El sistema reproductor permite la perpetuación de la especie entre los seres humanos mediante complicados procesos biológicos y de conducta.

El sistema orgánico es un ejemplo maravilloso del trabajo en equipo; también son así las funciones del espíritu humano, las relaciones sociales y las facultades mentales en relación armoniosa con nuestro cuerpo. Recuerda siempre que: *"LA MENTE HUMANA ES EL DON MÁS PRECIADO QUE LA NATURALEZA HA DEPOSITADO EN EL SER*

HUMANO Y ESTÁ ILUMINADA POR EL INFINITO PODER DEL ESPÍRITU".

CONCLUSIÓN

Es complejo entrar en materia de investigar más allá de la ciencia que estudia la definición de los mecanismos físicos, sensoriales y extrasensoriales en su conjunto del origen del pensamiento de los seres vivos, en especial el de los humanos. Nosotros nos atrevemos a incursionar en el conocimiento superficial de las funciones del cuerpo y del cerebro, como portantes físicos y sensibles, y de la mente como psicomotor extrasensorial del ser que somos; pero más allá de lo sobrenatural a la capacidad del entendimiento lógico de ésta, sabemos que están, la VOLUNTAD, La INTUICIÓN y EL ESPÍRITU, que podemos definir como percepciones etéreas, que son dones especiales con facultades ilimitadas que nos han sido dadas por un SER infinito y SABIO, para ilustrar en nosotros el entendimiento de la vida misma.

APÉNDICE I

Glosario

Abdicamos: Renunciar a la potestad o soberanía de algo, abandonar derechos, creencias o actitudes.

Autonomía: Condición de la persona o entidad que de nadie depende en ciertos conceptos.

Aburrimiento: Estado emocional de insatisfacción dentro de una existencia que, durante ese periodo, se percibe como insulsa y sin sentido.

Actividad: En psicología, la capacidad que poseen los organismos vivos para obrar.

Actitud: Predisposición de la persona a responder de una manera determinada frente a un estímulo, evaluado con base a criterios preestablecidos. En general es tomado como una disposición para la acción basada en opciones afectivas y cognitivas.

Aptitud: Cualidad para desempeñar un trabajo, desarrollar una actividad o realizar una acción.

Adaptación: Estado en que el sujeto establece una relación de equilibrio y carente de conflictos con su ambiente social. Es una reacción de la persona como forma de responder a una situación o circunstancia.

Afecto: Aspecto consciente y subjetivo de la emoción. Patrón de comportamientos observables que es la expresión de sentimientos experimentados subjetivos. Tristeza, alegría y cólera son ejemplos usuales de afecto (Emoción).

Ávido: Ansioso, codicioso, sediento.

Biblia: Nombre que se da al conjunto de Libros Sagrados o Sagradas Escrituras que son compendio de normas y leyes que orientan en el conocimiento a las diferentes culturas religiosas agrupadas socialmente en el mundo.

Carácter: Conjunto de características de orden ético, estético y moral que distinguen a una persona de otra. Suma de los valores superiores de la conciencia. Constituyente primario de la dimensión espiritual de los seres humanos.

Científico: Relativo a la ciencia. Conjunto de conocimientos objetivos acerca de la naturaleza, la sociedad, el hombre y su pensamiento.

Conducta: Reacción global del sujeto frente a las diferentes situaciones ambientales. Los estímulos internos y externos son interpretados con niveles variables de interés y motivación.

Conciencia: Conocimiento que el espíritu humano tiene de su propia existencia, de sus estados, de sus actos y de las cosas; Facultad del espíritu en que los fenómenos psíquicos son plenamente percibidos y comprendidos por la persona. Esta es la cualidad principal que diferencia a los humanos de los animales.

Consciente: Estado de la mente.

Conducta: Reacción global del sujeto frente a las diferentes situaciones ambientales y racionales.

Cualidades: Lo que se separa o aísla son cualidades de objetos, no objetos de cualidades. Las cualidades también pueden llamarse propiedades, atributos o características.

Desdoblamiento: Acción y efecto de desdoblar: El desdoblamiento de la personalidad es un trastorno que altera y modifica la unidad de la persona.

Destrezas: Calidad de diestro, hábil, experto.

Electrodinámica: Registro gráfico de la actividad eléctrica de la persona. Dícese de la persona notable por su energía y actividad.

Encéfalo: Masa del sistema nervioso central que se aloja en el interior de la cavidad craneal.

Esencia: Naturaleza propia y necesaria, por la que cada ser es lo que es, conjunto de sus caracteres constitutivos: *según el existencialismo, la existencia precede la esencia.*

Etérea: *Sublime, sutil, vago, impreciso.*
Existir: Tener algo ser real y verdadero, ya sea material, ya espiritual; tener vida, tener realidad fuera de la mente.

Fobia: Miedo persistente e irracional hacia un objeto, situación o actividad específicos (estímulo fóbico), que da lugar a un deseo incoercible de evitarlo. Esto suele conducir a evitar el estímulo fóbico o a afrontarlo con terror. El pánico es la respuesta extrema al estímulo fóbico y el mayor peligro que representa está asociado a la pérdida transitoria del sentido de preservación. Una persona puede salir despavorida de miedo a algo y sufrir un accidente, por tener un bloqueo instantáneo de sus sentidos por el pánico.

Gen: Unidad básica de la herencia, localizado en un cromosoma, compuesto de ADN (ácido desoxirribonucleico).

Gravitación: Fenómeno por el cual todos los cuerpos en el espacio se atraen en razón directa al producto de sus masas y en razón inversa al cuadrado de las distancias que los separan.

Histeria: Tipo de neurosis caracterizado en especial por expresarse mediante sintomatología corporal, que puede remedar las más diversas enfermedades.

Hipnosis: Sueño artificial provocado por procedimientos mecánicos, físicos o síquicos.

Impulso: Tendencia a actuar sin una deliberación previa. Fenómeno contrario a un acto de voluntad. Los impulsos pueden ser Instintivos o Reactivos, dependiendo que este sea interno o externo. Los impulsos son la expresión más espontánea del comportamiento humano. Son un buen referente del nivel de conciencia que posee el individuo.

Inapropiado: Discordancia entre la expresión afectiva y el contenido del habla o idea.

Inconsciente: No deliberado, sin tener conciencia de ello; que actúa sin reflexión, prudencia ni sentido de la responsabilidad; que ha quedado sin sentido.

Inteligencia: En líneas generales, es la capacidad mental para entender, recordar y emplear de un documento práctico y constructivo, los conocimientos en situaciones nuevas.

Meditación: Acción y efecto de meditar. Aplicar con atención el pensamiento a la consideración de algo.

Memoria: Capacidad mental de conservar y evocar cuanto se ha vivido. Fenómeno psíquico muy complejo en el que entran en juego el psiquismo elemental. (Rastro que las sensaciones dejan en el tejido nervioso), la actividad nerviosa superior (creación de nuevas conexiones nerviosas por repetición, es decir, reflejos condicionados) y el sistema conceptual o inteligencia propiamente dicha. Actividad específicamente humana en cuanto comporta el reconocimiento de la imagen pasada como pasada.

Motivación: (Motivo para la acción) Conjunto de estímulos que intervienen en un acto electivo; según su origen los motivos pueden ser de carácter fisiológico e innatos (hambre, sueño) o sociales; estos últimos se adquieren durante la socialización, formándose en función de las relaciones interpersonales, los valores, las normas y las instituciones sociales.

Pensamiento: Término genérico que indica un conjunto de actividades mentales, tales como el razonamiento, la abstracción, la generalización, etc., cuya finalidad, entre otras es la resolución de problemas, la adopción de decisiones y la representación de la realidad externa.

Percepción: Función psíquica que permite al organismo, a través de los sentidos, recibir y elaborar la información proveniente del exterior y convertirla en documento organizado y dotado de significado para el sujeto.

Plegaria: Oración o súplica que se hace para pedir algo.

Rasgo: Elemento característico de la personalidad relativamente estable.

Sensorial: Relativo a la sensibilidad o a las sensaciones. Acción de sentir algo o sentirse de cierta manera. Efecto que algunas cosas o sus cualidades físicas producen en los sentidos. Impresión de estupor, sorpresa o admiración, que un hecho, noticia o suceso produce en el ánimo de alguien o de la gente en general.

Timidez: Tendencia por parte de la persona a sentirse incómoda, inhibida, torpe y muy consciente de sí misma en presencia de otra persona. Esto produce incapacidad para participar en la vida social, aunque se desee hacerlo y se sepa cómo.

Virtud: Disposición constante a hacer el bien, perfecta adhesión de la voluntad a las leyes de la moral vigente. Facultad, poder, capacidad de hacer algo. Eficacia para curar alguna enfermedad o desarreglo fisiológico.

Vívida: Vivaz, intenso, floreciente, vigoroso, lleno de vida. Que tiene una luminosidad intensa.

Voluntad: La facultad psíquica que tiene el individuo para elegir entre realizar o no un determinado acto. Depende directamente del deseo y la intención de realizar el acto en concreto.

Yo (ego): Según Freud, es el "principio de realidad", es consciente y tiene la función de la comprobación de la realidad, así como la regulación y control de los deseos e impulsos provenientes del ello. Su tarea es la auto conservación y utiliza todos los mecanismos psicológicos de defensa.

APÉNDICE II

Fobias

Existen científicamente estudiadas y reconocidas más de doscientas noventa diferentes estudios clínicos de fobias.

Clasifiquémoslas en 7 estados.

1. Estados o situaciones.
2. Con cosas o Animales.
3. Con actos o actividades.
4. Con lugares o circunstancias.
5. Con substancias o compuestos.
6. Con personas o relaciones.
7. Las fobias mixtas o indefinidas.

1. Estados o situaciones:

Ablutofobia: Miedo a bañarse o lavarse.

Acerba fobia, acero fobia: Miedo a la acidez.

Acusticofobia: Miedo a los sonidos.

Agateofobia: Miedo a la locura.

Aerofobia, Acrofobia: Miedo a las corrientes de aire.

Algo fobia, Anglofobia: Miedo a experimentar dolor.

Anginofobia: Miedo a la estrechez.

Amnesifobia: Miedo a la amnesia.

Anuptafobia: Temor de permanecer solo.

Ataxiofobia: Miedo a la ataxia, descoordinación muscular.

Aerofobia: Miedo al oro.

Auto fobia: Miedo a la soledad.

Ato fobia: Miedo de la ruina.

Atelofobia: Miedo a la imperfección.

Atiquifobia: Miedo al fracaso.

Cancerofobia, Carcinofobia, Cancerofobia: Miedo al cáncer.

Cardiofobia: Miedo a padecer enfermedades del corazón.

Caro fobia: Miedo a la picazón.

Cropostasofobia: Miedo al estreñimiento.

Dermatopatofobia: Miedo a las enfermedades de la piel.

Diabeto fobia: Miedo a la diabetes.

Eleuterofobia: Miedo a la libertad.

Diplopiafobia: Miedo a ver doble y a las enfermedades oculares.

Eremiofobia, Ermitofobia: Miedo a estar solo.

Escotoma fobia: Miedo a quedar siego, a no poder ver parcialmente.

Febrifobia: Miedo a la fiebre.

Fotofobia: Miedo a temer.

Gerascofobia: Miedo a la vejez.

Homofobia: Miedo al choque psicológico, fisiológico.

Kakorrafiafobia: Miedo al fracaso.

Kopofobia: Miedo a la fatiga.

Liso fobia: Miedo a la locura.

Maieusiofobia: Miedo al embarazo.

Meningitofobia: Miedo a la meningitis.

Nemofobia: Miedo a la anemia.

Neofobia: Miedo a la novedad, a las cosas nuevas, a nuevas experiencias.

Nosofobia: Miedo a las enfermedades.

Nudo fobia: Miedo a la desnudez.

Pelagra fobia: Miedo a la pelagra, enfermedad caracterizada por la dermatitis, desórdenes gastrointestinales, síntomas nerviosos centrales y asociada a una dieta deficiente en niacina y proteína.

Patofobia: Temor a las enfermedades.

Peniafobia: Temor a la pobreza.

Pnigofobia, Pnigerofobia: Miedo a ser estrangulado o a la sofocación.

Psicopatofobia: Miedo a volverse loco.

Ptisiofobia, Tuberculofobia: Miedo a la tuberculosis.

Sifilofobia: Miedo a la sífilis:

Tanatofobia: Miedo a la muerte.

Termo fobia: Miedo al calor.

Tetan fobia: Miedo al tétano.

Tremo fobia: Miedo a los temblores.

2. Animales o cosas.

Acrofobia: Miedo a los ácaros y a otros parásitos.

Aicmofobia: Miedo a los objetos puntiagudos.

Ablutofobia, Aelurofobia: Miedo a los gatos.

Alectrofobia: Miedo a los pollos.

Auto fobia: Miedo a las flores.

Api fobia: Miedo a las abejas.

Aracnofobia: Miedo a las arañas.

Asimetrifobia: Miedo de las cosas asimétricas.

Balistofobia: Miedo a las armas, municiones y revólveres.

Aulofobia: Miedo a las flautas.

Batracio fobia: Miedo a los reptiles.

Belonefobia: Miedo a las agujas.

Cinofobia: Miedo a los perros.

Cenidofobia: Miedo a las picaduras de insectos.

Cristal fobia: Miedo a los cristales.

Eisoptrofobia: Miedo a los espejos.

Emetofobia: Miedo a los prendedores, pinches.

Entomofobia: Miedo a los insectos.

Galofobia: Miedo a los tiburones.

Helminto fobia: Miedo a los gusanos.

Hidrofobofobia: Miedo a la rabia, a la hidrofobia.

Hipo fobia: Miedo a los caballos.

Insecto fobia: Miedo a los insectos.

Mecano fobia: Miedo a las máquinas y maquinarias.

Mono fobia: Miedo a una sola cosa en particular.

Musofobia: Miedo a los ratones.

Acrofobia: Miedo a los automóviles.

Ofidio fobia: Miedo a las serpientes.

Ornitofobia: Miedo a los pájaros.

Parasito fobia: Miedo a los parásitos

Pediculofobia: Miedo a los piojos.

Pteronofobia: Miedo a las plumas.

Selacofobia: Miedo a los tiburones.

Tauro fobia: Miedo a los toros.

Telefonofobia: Miedo a los teléfonos.

Teniafobia: Miedo a la tenía, a alojar la lombriz solitaria.

Teratofobia: Miedo a los monstruos.

Vemifobia: Miedo a los gusanos.

Zoofobia: Miedo a los animales.

3. Actos o actividades.

Agirofobia: Miedo a cruzar la calle.

Agorafobia: Miedo al abuso sexual.

Alodoxafobia: Miedo a emitir opiniones.

Ambulo fobia: Miedo a caminar.

Anablefobia: Miedo a mirar hacia arriba.

Astenofobia: Miedo a la debilidad, a desmayarse.

Ataxofobia: Miedo al desorden.

Baso fobia: Miedo a no poder caminar o a caerse.

Cleptofobia: Miedo a robar.

Clinofobia: Miedo de ir a la cama.

Dipsofobia: Miedo de la embriaguez.

Dromofobia: Miedo al movimiento.

Emetofobia: Miedo a vomitar.

Ecofobia, o ecofobia, oicofobia: Miedo al hogar.

Ergo fobia: Miedo al trabajo.

Eritrofobia: Miedo al sexo.

Estasifobia: Miedo a estar parado.

Fago fobia: Miedo a tragar cosas.

Freno fobia: Miedo a pensar.

Gefirofobia: Miedo a cruzar puentes.

Gimnofobia: Miedo a la desnudez.

Gloso fobia: Miedo a hablar.

Grafo fobia: Miedo, angustia de escribir.

Hamartofobia: Miedo al pecado.

Hedonofobia: Miedo al placer.

Hidrofobia: Miedo al agua, a ahogarse, a nadar.

Hipnofobia: Miedo a dormir.

Hodofobia: Miedo a viajar.

Itifalofobia: Miedo de ver, pensar en, o tener el pene erecto.

Linonofobia: Miedo a los cordeles, a tejer.

Mastigofobia: Miedo a golpear.

Poto fobia: Miedo a beber alcohol.

Rabdofobia: Miedo a la magia.

Taco fobia: Miedo a la velocidad.

Tafefobia, Tape fobia: Miedo a ser enterrado vivo.

Taso fobia: Miedo al ocio, miedo a sentarse.

Taco fobia: Miedo al parto.

Tomo fobia: Miedo a la cirugía.

Traumatofobia: Miedo al daño, a lesionarse, a las heridas.

Tripanofobia: Miedo a la inoculación.

Verbo fobia: Miedo a las palabras.

Vestifobia: Miedo a vestirse.

4. Lugares o circunstancias.

Acluofobia: Miedo a la oscuridad.

Acrofobia, alto fobia, bato fobia: Miedo a las alturas, a los lugares elevados.

Agorafobia: Miedo a las multitudes o a lugares abiertos.

Amaxofobia: Miedo a los vehículos, a encontrarse en un vehículo en movimiento.

Antlofobia: Miedo a las inundaciones.

Astrafobia: Miedo a los truenos, destellos y relámpagos.

Atomosofobia: Miedo de las explosiones nucleares.

Brontofobia: Miedo a los truenos, a las tormentas.

Bato fobia: Miedo a las profundidades.

Claustrofobia: Miedo a los lugares cerrados.

Ceno fobia: Miedo a los grandes espacios al vacío.

Cremnofobia: Miedo a los precipicios.

Crio fobia: Miedo del hielo y la helada, a las tormentas de hielo, a las ventiscas.

Eclesiofobia: Miedo a la iglesia.

Eosofobia: Miedo al amanecer, a la salida del sol.

Electrofobia: Miedo a la electricidad, a un choque eléctrico, a la electrocución.

Esciofobia: Miedo a las sombras.

Escolionofobia: Miedo al colegio.

Escoto fobia: Miedo a la oscuridad.

Fono fobia: Miedo al ruido.

Hade fobia, estigia fobia: Miedo al infierno.

Hagiofobia: Temor a los santos, a los lugares sagrados.

Higrofobia: Miedo a la humedad, a la lluvia, al agua.

Homiclofobia: Miedo a la niebla.

Keraunofobia: Miedo a los truenos, a las tormentas.

Limnofobia: Miedo a los lagos.

Neofobia: Miedo a las nubes.

Necrofobia: Miedo a la noche o a la oscuridad.

Piro fobia: Miedo al fuego.

Potamofobia: Miedo a los ríos.

Selafobia: Miedo a los relámpagos repentinos.

Selenofobia: Miedo a la luna.

Siderodromofobia: Miedo a los trenes.

Talas fobia: Miedo al mar.

Teatro fobia: Miedo a los teatros.

Topo fobia: Miedo a un lugar particular, o a ciertos lugares.

Urano fobia: Miedo al cielo.

Xenofobia: Miedo a los lugares secos, especialmente desiertos.

5. Substancias o compuestos.

Albuminurofobia: Miedo a la albúmina en la orina.

Amato fobia, Koniofobia: Miedo al polvo.

Araquibutirofobia: Miedo a que la mantequilla de maní o una substancia parecida, se pegue en el paladar.

Basilofobia: Miedo a los microbios.

Bacteriofobia: Miedo a las bacterias.

Cibofobia: Miedo al alimento.

Dermatiosofobia: Miedo a la piel, a las verrugas.

Dora fobia: Miedo a la piel.

Escatofobia: Miedo a las heces.

Espermatofobia: Miedo al semen y a los gérmenes.

Hematofobia: Miedo a la sangre.

Herpetofobia: Miedo a los reptiles.

Colero fobia: Miedo a contraer el cólera.

Coprofobia: Miedo a los excrementos.

Farmacofobia: Miedo a las drogas.

Iofobia: Miedo a los venenos.

Metal fobia: Miedo a los metales.

Misofobia: Miedo al polvo o a la contaminación.

Pogonofobia: Miedo a las barbas.

Proteinfobia: Miedo a las proteínas.

Sitio fobia: Miedo al alimento.

Taxi fobia, toxofobia, toxico fobia: Temor a ser envenenado, a las toxinas.

Tricofobia: Miedo al cabello.

Tricopatofobia: Miedo a las enfermedades y patologías del cabello.

Triquinofobia: Miedo a la triquinosis y a la comida posiblemente envenenada.

Uro fobia: Miedo a la orina.

6. Personas o relaciones.

Androfobia: Miedo al hombre.

Anglofobia: Miedo y aversión a Inglaterra, a los ingleses o a cualquier cosa inglesa.

Antropofobia: Miedo a las personas, a los humanos.

Apotemnofobia: Miedo a las personas con amputaciones en el cuerpo.

Atazagorafobia: Miedo de no ser considerado, de ser olvidado.

Autodisomofobia: Miedo a heder.

Bromidrosifobia: Miedo a desprender mal olor corporal.

Cipridofobia: Miedo a las enfermedades venéreas.

Germanofobia: Miedo a los alemanes

Judeofobia: Miedo a los judíos.

Katagelofobia: Miedo al ridículo.

Lalofobia: Miedo de hablar, especialmente en público.

Negro fobia: Miedo a la gente negra, a los afroamericanos.

Oclofobia: Miedo a la mafia, a los gánsteres.

Papa fobia: Miedo a los papas.

Partenofobia: Miedo a las muchachas, vírgenes o púberes.

Pedofobia: Miedo a los niños.

Pneumatofobia: Miedo a los espíritus.

Poinefobia: Miedo al castigo.

Politicofobia: Miedo a la política.

Ruso fobia: Miedo a los rusos.

Sarmasofobia: Miedo al cortejo, coqueteo, juegos sexuales.

Sino fobia: Miedo a los chinos.

Teutonofobia: Miedo a los alemanes.

Venere fobia: Miedo a las enfermedades venéreas.

Venustrafobia: Miedo a las mujeres hermosas.

Virginitifobia: Miedo a la violación.

Vitricofobia: Miedo al padrastro.

Xenofobia: Miedo o desagrado por los extranjeros.

7. Fobias Mixtas o indefinidas.

Anquilofobia: Miedo a la inmovilidad de una unión.

Apeirofobia: Miedo al infinito.

Aritmofobia: Miedo a los números.

Baro fobia: Miedo a la gravedad terrestre.

Cometo fobia: Miedo a los cometas.

Crometofobia: Miedo a los colores.

Crono fobia: Miedo a la duración, al tiempo.

Demonofobia: Miedo a los demonios.

Eritrofobia: Miedo a ruborizarse y al color rojo.

Fasmofobia: Miedo a los fantasmas.

Filosa fobia: Miedo a la filosofía.

Fotofobia: Miedo a la luz.

Geumatofobia: Miedo al sabor.

Haspaxofobia: Miedo a los ladrones, a ser perseguido por un crimen.

Helio fobia: Miedo al sol.

Hipopotomonstrosesquipedaliofobia, o sesquipedaliofobia: Miedo a la pronunciación de palabras largas, complicadas o inusuales por miedo a equivocarse.

Ideo fobia: Miedo a las ideas o a la razón.

Microfobia: Miedo a los gérmenes, a las cosas pequeñas.

Musicofobia: Miedo a la música.

Necrofobia: Miedo a la muerte, a los cadáveres.

Olfactofobia: Miedo a los olores.

Ombrofobia: Miedo a la lluvia.

Emetofobia: Miedo a los ojos.

Onomatofobia: Miedo de un nombre o de una palabra en particular.

Pan fobia: Miedo a todo.

Patria fobia, patroiofobia: Miedo a la herencia.

Recto fobia: Miedo al recto, o a sus enfermedades.

Satanofobia: Miedo a Satán.

Simetrofobia: Miedo a la simetría.

Tecnofobia: Miedo a los adelantos tecnológicos.

Teo fobia: Miedo a Dios, a las religiones.

Teologicofobia: Miedo a la teología.

Tonitrofobia: Miedo a los truenos, a las tormentas.

Tredecafobia: Miedo al número trece, a la mala suerte.

Triskaidekafobia, triakaidekafobia: Miedo irracional al número trece.

Xantofobia: Miedo del color amarillo o de la palabra amarillo.

Xenoglosofobia: Miedo a las lenguas extranjeras.

Xilofobia: Miedo a los objetos de madera, a bosques.

CONCEPTO DE AUTONOMÍA

De acuerdo con el uso que se le dé a la misma, la palabra **autonomía** referirá diversas cuestiones.

A instancias de disciplinas como la Filosofía y la Psicología, la autonomía refiere a aquella capacidad que ostentan los seres humanos de poder tomar decisiones sin la ayuda del otro, es decir, si bien muchas veces utilizamos la visión del otro para no equivocarnos a la hora de elegir o tomar una decisión en algunos temas cruciales, en realidad, buena parte de las acciones, decisiones y elecciones que hacemos en nuestra vida cotidiana las hacemos nosotros mismos y esto es gracias a esta capacidad que nos permite hacerlo.

Por otra parte, la palabra autonomía es recurrente, utilizada como sinónimo de auto organización. Usada en este sentido, la misma refiere a aquel proceso en el cual la organización interna de un sistema, general de tipo abierto, aumentará de complejidad sin la necesidad de ser guiado por ningún agente externo. La mayoría de este tipo de sistemas auto organizados presentan propiedades emergentes.

También se designa con el término de autonomía a aquella potestad que ostentan ciertos entes territoriales para regirse con normas propias, en el marco de un Estado Mayor. Se dice que una jurisdicción goza de autonomía cuando se rige a sí misma y en la cual ningún poder externo tiene poder sobre ella. La autonomía en este sentido constituye una forma de la soberanía.

Por otra parte, en el contexto del derecho la palabra autonomía goza de una especial participación, se la designa como la capacidad del individuo de dictarse sus propias normas morales y constituye un principio básico en el derecho privado, porque parte de la necesidad que el ordenamiento jurídico capacite a los individuos para establecer normas jurídicas acordes a su libre voluntad.

Y finalmente en el ámbito de la técnica, autonomía, es el tiempo que un dispositivo con una fuente de alimentación independiente puede permanecer activo hasta el agotamiento de la fuente de alimentación. De este modo un automóvil podrá recorrer una cierta cantidad de kilómetros sin repostar en función de la capacidad de su depósito de combustible.

BIBLIOGRAFÍA

Sigmund Freud Teoría de Psicoanálisis
Sigmund Freud (1856-1939). **Freud** completó su formación médica en Paris junto a Charcot en la Sapètrière.

Vicente, Peale N: Porqué algunos pensadores positivos obtienen resultados poderosos, Edit. Norma, Bogotá D.C. 2004.

Freud, **Charcot** y la histeria - El asiento del alma
Catorce de enero 2003. Freud quedó encantado con el modelo de la histeria y la **hipnosis** que presentó **Charcot**

Jagot, Paul C: **El Dominio de sí Mismo,** Iberia, 1973.
La Sagrada Biblia – Ediciones paulinas. México 1995

ALBERT EINSTEIN
Albert **Einstein** y la **Teoría** de la **Relatividad**. Especial y General. Mecánica y cinemática **relativista**. Transformaciones de Galileo y **Einstein**

BEETOHOVEN
Biografía de Ludwig van **Beethoven**.
Ludwig van **Beethoven** fue bautizado el diecisiete de diciembre de 1770, en Bonn. Su familia era originaria de Brabante, en Bélgica.

R. WALDO EMERSON
Ralph Waldo **Emerson** (*Veinticinco de mayo de 1803, Boston veintisiete de abril de 1882, Concord) fue un escritor, filósofo y poeta estadounidense.

Los **hermanos Wright** Veintitrés ago. 2007. Se llama a los **hermanos Wright** los "padres de la aviación".

Tajan, Malba**: El Hombre que calculaba,** editores Verón, Barcelona.

López Luis Aníbal: Temperamentos Humanos, Editorial Artes Gráficas Litoempastar Ltda. Segunda edición abril de 2009-Colombia.

Salvador Zubirán: Manual de Terapéutica Médica y procedimientos de urgencias, McGraw – Hill Interamericana Editores, México D.F. 1996.

Monterrey, Lillian: Guíese por sus instintos, Miami Lakes, Monterrey Publishing, 2002.

Conceptos de Kalawski, citados por Bagladi.

Paulo Coelho "El Cielo".
Paulo Coelho (* Río de Janeiro, veinticuatro de agosto de 1947) es un novelista, dramaturgo y letrista brasileño. Es uno de los escritores más leídos del mundo.

Jaime Avendaño A: (1950) Lic. En ciencias de la Educación; Seminarios en psicología y Dinámica mental; cuatro Tecnologías varias; Otros estudios. Docente en constitución política y constitución laboral; conferencista.

Año 2017

9 781973 121909